Studi e Documenti

First Printing: Agosto 2018

ISBN 978-0-244-70443-8

www.naturalmentemusica.it

NaturalMenteMusica-CIDM
Web: www.naturalmentemusica.it
Email: naturalmentemusica@virgilio.it

Francesco Nocerino

Suoni da riscoprire
Antichi organi a canne di Ischia

Napoli 2018

Prefazione

Da oltre un decennio, durante l'estate, mi reco ogni anno ad Ischia per godere del bellissimo mare, degli incantevoli panorami, delle salubri acque termali, dell'ottima cucina e dei pregiati vini. In particolare, mi fermo a Ischia Ponte, luogo ricco di arte e di storia, dominato dal suo Castello Aragonese dove visse tra il 1501 e 1536 la nobile poetessa Vittoria Colonna (1490-1547), circondata da eminenti artisti e letterati, tra i quali Ludovico Ariosto, Michelangelo Buonarroti, Giovanni Pontano, Jacopo Sannazaro, Bernardo Tasso.

Durante quei giorni in cui le condizioni climatiche non consigliano di andare al mare a *Cartaromana* o a prendere il sole sulla vulcanica sabbia della *spiaggia dei pescatori alla Mandra*, addentrandomi per le stradine caratteristiche che portano *sopra Campagnano* o *a San Domenico*, o anche semplicemente passeggiando per il *borgo di Celsa* o sul lungomare del porto, mi sono intrattenuto ad *"andare per organi"* ossia a cercare notizie, documenti e antichi strumenti nelle chiese, cappelle e congreghe di Ischia. Ed è stata particolarmente piacevole la scoperta di numerosi strumenti di

1

notevole interesse, che, attivi da secoli, sono spesso ancora in piena efficienza, amorevolmente curati, restaurati e suonati.

Ed è proprio per rendere omaggio come ospite a questa virtuosa attività musicale ischitana che ho ritenuto opportuno raccogliere informazioni e ragguagli su questi strumenti e condividere, non solo con turisti o villeggianti, un percorso per ammirare, apprezzare e magari ascoltare gli organi a canne antichi presenti nelle chiese del Comune di Ischia.

ABRAMO ORTELIO, *Ischia* (part.), in *Theatrum Orbis Terrarum*, 1590.

I.

Quasi un percorso...

Rari nantes in gurgite vasto
[Virgilio]

È sempre un cammino della coscienza quello che percorriamo quando ci spingiamo a conoscere cose nuove in posti nuovi, per cercare soprattutto di essere sorpresi da bellezze nascoste, ricchezze celate, tradizioni antiche da riscoprire.

Una sorta di itinerario è quello che vorrei proporre a chi è curioso e desideroso di intendere in generale, ma anche a chi di strumenti antichi e di musica religiosa poco si interessa, per condurlo a una meta che lo faccia consapevole di saperne di più sull'arte, sulla musica e sulla storia di un meraviglioso territorio che con i suoi beni stupisce in continuazione.

Partendo dal porto di Ischia, originariamente un lago sorto in un cratere, poi collegato al mare dall'opera dell'uomo, grazie ad un canale scavato nella roccia che collegava le colline di Sant'Alessandro e San Pietro, entriamo nella Chiesa di Santa Maria di Portosalvo, consacrata nel 1857, che sull'altare maggiore ha una bellissima Madonna, opera di Vincenzo de Angelis, "un sorriso celestiale di fanciulla eretta sull'entrata del porto, con le braccia spalancate ad accogliere"[1] che splende nel cielo del porto appena aperto e rappresentato alla base del dipinto. Qui troviamo il primo organo a canne sul territorio isclano, bianco con colonnine e foglie d'acanto che riprendono i motivi delle delicate decorazioni dell'interno della chiesa. Quasi nascosto agli occhi, sul palchetto destro dietro l'arco che affaccia sul presbiterio, nel suo candore narra una storia di prigionia ed esilio che coinvolge il suo artefice, Vincenzo Petrucci, prigioniero delle carceri borboniche del Castello Aragonese, il quale in cambio della propria libertà realizzò questo strumento[2], dotandolo della caratteristica di avere la *consolle rivolta*, unico esempio del genere tra tutti gli strumenti antichi attualmente presenti a Ischia: tale particolare postazione era stata realizzata affinché l'organista rivolgesse le spalle allo strumento e non ai sovrani, i quali assistevano ai sacri riti dal palchetto di sinistra[3], ossia di fronte all'organo.

Seconda tappa del nostro percorso è Santa Maria delle Grazie in San Pietro. Entrando nella chiesa, si resta ammirati dall'inconsueta pianta ellittica e dall'ampia spazialità ed è facile perdersi nella ricerca di segni e segnali del passaggio del grande architetto Vanvitelli[4]. Purtroppo un senso di rammarico ci potrebbe prendere pensando di essere arrivati tardi per poter ascoltare le melodie barocche dell'organo a canne che prima esisteva e che, nella nebbiosa memoria di qualche anziano, ancora risuona in quello splendido ambiente settecentesco dall'ottima acustica: l'organo, sì, "quello coi tubi", con le canne, presente fino a qualche decennio fa e ora chissà

---

[1] BUONOCORE 2007, pp.11-15.
[2] MARINO 2005; MASTANDREA 2007, pp. non numerate.
[3] DI LUSTRO-MAZZELLA 2017, p.15; cfr. MASTANDREA 2007.
[4] VENDITTI 1964.

perché rimosso. Ci si ferma all'altare maggiore sotto la pala della Madonna delle Grazie che dà sollievo alle anime purganti in attesa del paradiso e ci si avvia verso la minuscola e quasi spoglia chiesetta di San Girolamo e proseguendo sostiamo all'Addolorata.

Anche qui, non solo la memoria locale ricorda in questo tempio ottocentesco la presenza di un organo che ora non c'è più, ma una testimonianza storica dell'inizio del Novecento ci informa che l'organo, certamente ospitato nella cantoria dell'Addolorata posta di fronte all'altare maggiore, proveniva da una delle chiese del Castello Aragonese e, quindi, di sicuro si trattava di un antico organo positivo: Monsignor Francesco Di Nicola *"fece condurre giù dalle chiese dello Scoglio, che era venuto in abbandono, quanto occorra per una decorosa dotazione: pianete, argenti, l'organo, le campane [...]"*[5].

Non molto più avanti, incontriamo il monastero francescano e la chiesa di Sant'Antonio da Padova che possiede un bell'organo novecentesco della ditta Rotelli di Cremona, a due tastiere e ampia pedaliera. Qui è anche presente un bel dipinto cinquecentesco proveniente dalla cattedrale del castello rappresentante la Madonna delle Grazie, con due angeli musicanti che suonano una viella e un liuto e con le committenti: Costanza d'Avalos in abito vedovile e Vittoria Colonna[6] con un magnifico vestito e un libro tra le mani.

Prima di proseguire verso il borgo di Celsa, ci inerpichiamo in collina verso la frazione di Campagnano, incontrando dapprima l'antica e

---

[5] BUONOCORE 1926, p.11; ANNICELLI 2013, pp. 45-49.
[6] Su Vittoria Colonna e l'arte musicale, segnalo il recente studio di GISON 2009, pp.281-314.

sobria chiesetta di San Domenico al cui interno vi è un grazioso organo datato 1867 dove il committente, il parroco Padre Don Pasquale Pilato[7], fece scrivere a chiare lettere il suo nome e cognome seguiti dalla data sul pannello frontale sopra la tastiera dello strumento. Nella chiesa dell'Annunziata di Campagnano, con la bellissima parete di maioliche raffigurante i due soggetti dell'Annunciazione e di San Giovan Giuseppe della Croce con il bambinello, vi è un altro organo positivo napoletano firmato e datato Benedetto de Rosa 1806. La sede della parrocchia di San Domenico fu dal 1802 nella Chiesa dell'Annunziata di Campagnano, poi ritornò nell'attuale chiesa di San Domenico nel 1855.

Riguardo questi due strumenti di Campagnano, ci viene il dubbio che il buon parroco don Pasquale Pilato fosse convinto che l'organo costruito nel 1806, appartenesse alla parrocchia di San Domenico, ma, quando la sede parrocchiale ritornò nella chiesa d'origine, lo strumento De Rosa rimase nell'Annunziata e quindi il sacerdote, che ben sapeva quando fosse importante uno strumento *"per una decorosa dotazione"*[8], si vide costretto ad acquistare un nuovo organo, stavolta però, per evitare futuri problemi, segnò nome e cognome di chi lo aveva comprato e data dell'acquisto.

Ritornando giù verso il mare e passando accanto al settecentesco Seminario di Ischia si entra nel caratteristico borgo di Celsa, dove nacque il santo ischitano S. Giovanni Giuseppe della Croce (1654 – 1734).

---

[7] Nato ad Ischia nel 1811, Don Pasquale Pilato fu parroco di San Domenico dal 1846 al 1875, cfr. DI LUSTRO-MAZZELLA 2014, p.169. Nel periodo in cui fu parroco, dal 1846 al 1875, la sede della parrocchia di San Domenico era dal 1802 nella Chiesa dell'Annunziata di Campagnano, poi ritornò nell'attuale chiesa di San Domenico nel 1855.
[8] BUONOCORE 1926, p.11.

Percorrendo la strada principale di questo caratteristico borgo che deve il suo nome all'antica coltivazione del gelso per la produzione di bachi da seta[9], introdotta dai monaci agostiniani, la prima chiesa nella quale ci s'imbatte è la Collegiata dello Spirito Santo, ricca di storia, di splendide opere d'arte e opere di devozione popolare, dov'è funzionante un magnifico organo Baffi del 1760, certamente uno degli strumenti più interessanti dell'isola. La presenza dei pescatori, raffigurata in ogni angolo della chiesa con le loro imbarcazioni, vele, remi e reti, è ritratta anche sullo strumento dove due barchette, con due marinai ciascuna, poggiano alla sommità dei lati dritti della serliana che contiene le canne di facciata e sembra quasi che stiano pescando in un mare di note che fuoriesce dalle canne sottostanti. Curato con particolare dedizione, quest'organo conserva una robusta voce "antica", grazie agli organari che nei secoli hanno provveduto alla manutenzione, rinnovandolo e, allo stesso tempo, rispettando il lavoro dei loro predecessori: Raffaele Mancini autore di quella caratteristica uccelliera a due vaschette e otto cannucce, "di moda" sugli organi napoletani, o Giuseppe Galasso che introdusse il registro "nuovo" *unda maris*, dal nome così "ispirato" per una chiesa di pescatori.

Uscendo da questa chiesa, che in sacrestia conserva affrescata una delle più antiche raffigurazioni dell'isolotto interamente occupato dal Castello Aragonese e da numerose case e chiese, subito a destra troviamo l'arciconfraternita di Santa Maria di Costantinopoli. Qui pure è presente un grazioso ed efficiente organo positivo napoletano degli inizi dell'Ottocento, sistemato nella cantoria sull'ingresso principale, testimone

---

[9] L'introduzione di questa attività si deve ai padri agostiniani che per lungo tempo vissero ad Ischia; cfr. D'ARBITRIO ZIVIELLO 1991.

dall'alto di chissà quante accese discussioni e sofferte decisioni, realizzate tra gli scanni dell'Arciconfraternita.

Poco più avanti, sulla sinistra si staglia la candida facciata della Cattedrale, con tre entrate protette da un'antica cancellata.

La Cattedrale, intitolata all'Assunta, in origine aveva sede sul Castello Aragonese e l'attuale sede, dedicata a Santa Maria della Scala, era retta dagli Agostiniani. Nel 1809, *annus terribilis*, gli agostiniani dovettero abbandonare la chiesa a causa della murattiana soppressione dei monasteri e, a seguito di un bombardamento tra Francesi e Inglesi che distrusse nello stesso anno la maggior parte degli edifici del Castello Aragonese, la sede della cattedrale fu trasferita dal Castello al borgo di Celsa, nella chiesa di S. Maria della Scala che cambiò titolo. Un organo antico esisteva già in Santa Maria della Scala da prima del 1726, come confermato da un contratto relativo a un intervento di manutenzione stipulato tra gli agostiniani e gli organari napoletani Giuseppe d'Ascanio e Pietro Daniele, collaboratori degli organari di corte Giuseppe e Tommaso de Martino[10]. Quest'organo nel 1813 si distrusse a seguito del crollo dell'antica cantoria di legno e fu ricostruito, così come ancora oggi si vede, sull'attuale cantoria in muratura, anche con materiali provenienti dall'antico organo settecentesco.

Usciti dalla cattedrale, passando accanto al Palazzo dell'Orologio e alla casa natale di San Giovan Giuseppe della Croce, ci si avvia verso il

---

[10] Archivio di Stato di Napoli [ASN], *Notai del sec. XVIII*, notaio Natale Buonocore, scheda 44, prot. 24, ff.149r-150r. Cfr. DI LUSTRO 1990, p.13. Sugli organari di casa reale Giuseppe e Tommaso de Martino è in preparazione un mio saggio monografico. A proposito di un organo Tommaso De Martino, probabilmente suonato da W. A. Mozart, vedi NOCERINO 2006, pp. 178-185.

Castello Aragonese, isolotto di origine vulcanica, sede più antica degli abitanti di Ischia, conquistato da Alfonso d'Aragona il Magnanimo prima che nel 1442 espugnasse la città di Napoli.

Nella Torre Guevara[11], che si eleva nei pressi degli scogli di Sant'Anna, di fronte al Castello Aragonese, vi è un interessante affresco del sec. XVI che rappresenta l'isolotto come una città-castello, ricca di abitazioni civili e chiese. Durante lo splendido periodo in cui il castello vide quel fiorire di arti liberali con la presenza di Vittoria Colonna, non è difficile immaginare anche nelle sale del castello e nelle chiese dell'isola una presenza musicale attenta al rinnovamento polifonico e strumentale del Rinascimento italiano. Non sarebbe incredibile un'ipotesi di organi sull'isola in tempi molto antichi, in particolare se si pensa agli organari attivi alla corte aragonese di Napoli[12], anche se storicamente la presenza di almeno un organo sull'isolotto del Castello, in Cattedrale, è documentata sin dal 1604[13]. Certamente doveva essere uno strumento costruito molti anni prima, poiché in una relazione del 1609 si dice che l'antica cattedrale era dotata di un organo, il quale però era stato smantellato, perché troppo vecchio ("*caret organum ad presens, pro antiquitate, est jam e multis mensibus dirutum*")[14]. Nel 1621 l'organo fu rifatto e certamente lo vide lo storico ischitano don Vincenzo Onorato (1739-1829), che ci dice che si

---

[11] Sulla Torre Guevara (detta anche Torre Michelangelo), DE LAURENTIS 2015.
[12] ATLAS 1985, p.42.
[13] ARCHIVIO SEGRETO VATICANO [ASV], SACRA CONGREGAZIONE DEL CONCILIO [SCC], *Relazione del vescovo Innico d'Avalos,* 8 aprile 1604; cfr DI LUSTRO 2010, p.81.
[14] ASV, SCC, *Relazione del vescovo Innico d'Avalos,* 13 maggio 1609; fonte: DI LUSTRO 1990, p.17, nota 15. Vedi anche DI LUSTRO, 2010, p.81.

trovava sull'ingresso principale della Cattedrale[15]. In stato di abbandono nel 1802[16], fu distrutto da una bomba nel conflitto franco-inglese del 1809[17]. Di sicuro vi era qualche altro organo tra gli arredi sacri delle numerose parrocchie del castello (ben dieci!)[18], purtroppo per lo più distrutti dai bombardamenti anglo-borbonici del 1809 e dai susseguenti saccheggi. Unico superstite di tali scempi doveva essere l'organo proveniente da una chiesa abbandonata dell'isolotto cannoneggiato, poi fatto trasportare all'Addolorata, di cui, sciaguratamente, come già detto, si sono perse le tracce nel secolo scorso. Sul castello non ci sarebbe alcun organo, se non fosse per uno strumento di fine ottocento di produzione londinese nella chiesetta della Madonna della Libera e, in particolare, per un garbato piccolo positivo napoletano, donato da una famiglia ischitana di Fiaiano alla chiesetta di Santa Maria dell'Ortodonico. Quasi come se la storia ricominciasse...

---

[15] VINCENZO ONORATO, *Ragguaglio Historico Topografico dell'isola d'Ischia*, Napoli, Biblioteca Nazionale di Napoli, Fondo San Martino Ms. 439, fol. 150v. Cfr. MAZZELLA, 2014, p.237.

[16] ARCHIVIO DIOCESANO DI ISCHIA [ADI], *Acta Sanctae Visitationis peracta a Reverendissimo Bartholomeo Mennella canonico Cathedralis Isclanae, et Pro-Vicario Capitulari in Diocesi Isclana*, 1802, f.5r; cfr DI LUSTRO 2010, pp.123-124.

[17] ASN, *Intendenza di Napoli*, fascio 772/66, ff.5-6, *Lettera del vicario capitolare alla Segreteria della Giustizia del 12 settembre 1809*, cfr. Di Lustro 2010, p.129.

[18] DI LUSTRO 2015, p.45.

ANONIMO, *Castello Aragonese d'Ischia*, sec.XVI,
affresco nella Torre Guevara detta "di Michelangelo".

II.

Organaria napoletana a Ischia.
Gli strumenti.

Omnis enim qui petit, accipit; et
qui quaerit, invenit; et pulsanti, aperietur.
[Luca, 11,10]

Con la consapevolezza che la conoscenza sia il primo passo per la tutela e la salvaguardia del nostro patrimonio musicale, storico e artistico, le schede che seguono descrivono schematicamente gli strumenti di scuola napoletana ancora presenti nelle chiese del Comune di Ischia, aggiungendo, quando possibile documenti storici e bibliografia riferita a questi tesori dell'arte musicale sull'isola.

Per quanto attuabile, è stato fatto il tentativo di schivare astrusi termini specifici, per consentire un accesso al testo anche a un pubblico di non specialisti. Quando inevitabile si sono impiegate brevi note esplicative usando termini molto semplici, ma, in generale, si rinviano ai testi citati in bibliografia tutti coloro che vogliono approfondire l'argomento.

Le schede non vogliono essere un freddo catalogo di note tecniche, ma solo un ampliamento di notizie particolari per un avvicinamento più consapevole a questi strumenti, spesso visti come severe e complicate macchine per la musica, appartate su alte cantorie.

Gli strumenti presentati sono tuttora in grado di funzionare, chi più chi meno, e, con un po' di fortuna, può essere possibile a tutti non solo ammirarli nella parte decorativa, ma anche ascoltarli, soprattutto in occasione di alcune sacre funzioni, di elevazioni spirituali o di concerti.

Caratteristiche comuni a tutti gli strumenti descritti:

- Tastiera (o *manuale*), unica in posizione centrale
- Trasmissione a meccanica sospesa[19]
- Materiali delle canne:
    - stagno[20] in facciata
    - piombo all'interno
    - legno sul fondo e ai lati interni
- crivello in legno con bocche delle canne sottostanti[21]
- somiere del tipo *a tiro* con stecche[22]

* * * * *

Colgo l'occasione per ringraziare gli amici ischitani studiosi e musicisti, che talvolta hanno agevolato il complicato percorso di ricerca con interessanti conversazioni, ricche di osservazioni e informazioni sulla vita musicale dell'isola. Sperando di non tralasciare nessuno, vorrei

---

[19] La trasmissione è il sistema di collegamento tra il tasto e la valvola che fa entrare aria nella canna, producendo il suono.

[20] In realtà, per le canne metalliche, si tratta di una lega stagno-piombo, con prevalenza di stagno per quelle di facciata (o *di mostra*).

[21] Quasi tutte le canne degli organi napoletani sono *labiali* (dette anche *ad anima*). Esse funzionano come un flauto dolce e sono costituite da corpo (parte superiore), piede (parte inferiore) e bocca (apertura laterale). Il crivello è un piano ligneo forato che simile ad una rastrelliera consente di tenere le canne in piedi sul somiere. È una caratteristica degli organi napoletani che le bocche siano collocate al di sotto del crivello.

[22] Il somiere, o pancone, è la cassa d'aria sul quale poggiano le canne. Nel somiere *a tiro*, le stecche, dotate di fori in corrispondenza delle canne, consentono di inserire i registri mediante tiranti e leve che le collegano ai pomelli esterni dei registri.

ricordare il prof. Agostino di Lustro, indiscusso riferimento per gli studi ischitani, assieme alla dott.ssa Ernesta Mazzella e alla dott.ssa Lucia Annicelli per il materiale bibliografico e documentario messo a disposizione; continuo con gli amici musicisti ischitani Nunzia Ferrandino, Luca Iacono e Gianfranco Manfra che ho visto all'opera su diversi degli strumenti di seguito descritti, e poi Lia Della Monica, Concetta Iacono e Angelo Ricci. Grazie al clero ischitano tutto, a Sua Eminenza il Vescovo e ai parroci e ai canonici delle chiese citate per la loro ospitalità, disponibilità e, in particolare, per il loro impegno di principali custodi di questi strumenti.

Un ricordo caro va all'amico Ciro Curci, compagno di escursioni in barca e passeggiate tra le bellezze della sua isola.

Organi a canne antichi nel comune di Ischia

Chiesa	Organo	Secolo	Note
Santa Maria delle Grazie (S. Pietro)	No		C'era un organo a canne, perduto nella seconda metà del '900.[23]
Cattedrale Santa Maria dell'Assunta	Si	XVIII	Trae la sua origine da un organo del 1716.
Congrega di Santa Maria di Costantinopoli	Si	XIX	
Chiesa dello Spirito Santo	Si	XVIII	Giuseppe Baffi 1760; antico restauro: Raffaele Mancini 1814
Chiesa e convento di Sant'Antonio	Si	XX	Esistente moderno della ditta Rotelli di Cremona
Chiesa dell'Addolorata	No		C'era un organo sulla cantoria proveniente dal Castello Aragonese[24]
Eremo di San Girolamo	No		
Parrocchia di Portosalvo	Si	XIX	Vincenzo Petrucci 1857

[23] DI LUSTRO 1990, p.16.
[24] La voce è avvalorata da un elenco pubblicato in BUONOCORE 1926, p.11: Monsignor Francesco Di Nicola *"fece condurre giù dalle chiese dello Scoglio, che era venuto in abbandono, quanto occorra per una decorosa dotazione: pianete, argenti, l'organo, le campane [...]"*; cfr. ANNICELLI 2013, pp. 45-49.

Chiesa di Sant'Alessandro	No		
Chiesa di San Ciro	No		
Chiesa del Buon Pastore	No		
Parrocchia di San Domenico nella Santissima Annunziata	Si	XIX	
Chiesa parrocchiale di San Domenico	Si	XIX	
Chiesetta Sant'Anna	No		
Chiesa Madonna della Libera (Castello Aragonese)	Si	XIX	Fattura londinese (*Casson's Patent Positive Organ*)
Chiesa S. Maria in Ortodonico (Castello Aragonese)	Si	XIX	Proveniente da Fiaiano

Cattedrale Santa Maria dell'Assunta
Via Luigi Mazzella
Organo anonimo - 1716

Collocazione: L'organo è sistemato al centro della cantoria in muratura sopra l'ingresso principale della cattedrale, di fronte all'altare maggiore.

Prospetto: Privo di sportelli, il prospetto è costituito da tre campate piramidali di canne. Le canne di facciata sono 25, così distribuite: 9 nello scomparto sinistro, 7 in quello centrale e 9 in quello destro. La disposizione delle bocche delle canne è rettilinea in tutti e tre gli scomparti. A circa metà dell'altezza delle canne vi è una traversa di legno intagliata e argentata per ogni comparto. Le canne del prospetto di facciata hanno il labbro superiore a forma di mitria.

Cassa: Il mobile è tutto tinto in due toni chiari di grigio che ben si intonano alla sobria e luminosa decorazione della chiesa.

Manuale: La consolle è "a finestra". La tastiera è di 45 tasti in avorio ed ebano con prima ottava corta, quindi estensione di quattro ottave $(Do_1\text{-}Do_5)$. Il coperchio della tastiera, quando è aperto, funge da leggio.

Pedaliera: Lo strumento è munito di una piccola pedaliera a leggio di 9 tasti di legno direttamente collegati al manuale, con estensione $Do_1\text{-}Do_2$.

Somiere: Il tipo di trasmissione tastiera-somiere è a meccanica sospesa.

Registri: I registri sono disposti su due file verticali (7+2) a destra del manuale e sono comandati da nove pomelli di ottone a tirante. Sotto le due file, un po' discosto e più grosso c'è il pomello del Forte, (l'antico *Tiratutti*). Sotto ogni pomello c'è una targhetta stampata in plastica con il nome del registro.

La composizione fonica segnata è la seguente:

PRINCIPALE	VOCE UMANA
OTTAVA	FLAUTO IN XII
DECIMA QUINTA	
DECIMA NONA	
VIGESIMA SECONDA	
VIGESIMA SESTA	
VIGESIMA NONA	
FORTE	

Più in basso e a destra, vi è una piccola feritoia *a elle* con relativa leva lignea e targhetta indicante "Timballone La La^{II}". Due leve a pedale sono situate a destra della pedaliera e comandano l'inserimento e il disinserimento del Ripieno. Sulla sinistra del manuale c'è una fila verticale di quattro leve di legno in altrettante feritoie *a elle* per il bloccaggio, sotto ognuna delle quali c'è una targhetta indicante:

Cornamusa
Tremolo
Timballone Mi Fa
Contrabassi

Manticeria: La manticeria, sistemata all'esterno del mobile, nell'angolo sinistro della cantoria, è attualmente costituita da un unico mantice cuneiforme, alimentato da un motore che aziona la pompa d'aria.

Scritte e documenti:

Primo intervento di manutenzione documentato:

1726   Organari Giuseppe D'Ascanio e Pietro Daniele[25]

Una targhetta ovale d'ottone sotto lo scomparto di canne a destra testimonia il restauro avvenuto nel 1983:

Costruito A.D. 1716
e
Restaurato A.D. 1983

---

[25] Di Lustro 1990, p.14.

Chiesa di Santa Maria di Portosalvo

Via Iasolino

Organo "Vincenzo Petrucci" – 1857

Collocazione: L'organo positivo è collocato nella cantoria posta a destra dell'altare maggiore della chiesa.

Prospetto: Le 25 canne di facciata, tutte di stagno e con andamento delle bocche rettilineo, sono così disposte: 9 nello scomparto di destra, 7 in quello centrale e le restanti 9 in quello di sinistra.

Cassa: Il mobile, tutto laccato bianco, riprende nella sobrietà i motivi stilistici delle decorazioni della chiesa. Privo di sportelli, il prospetto di facciata è costituito da tre campate delimitate da quattro colonnine con capitelli corinzi. I vuoti lasciati dalla disposizione piramidale delle canne in ciascun scomparto sono riempiti con eleganti decorazioni di legno traforate, anch'esse laccate di bianco.

Manuale: La *consolle rivolta* (ossia con l'organista che volge le spalle al prospetto di facciata) ha la tastiera con un'estensione di quattro ottave e mezzo (Si_0-Fa_5) con 55 tasti, ricoperti d'avorio i diatonici e d'ebano i cromatici.

Pedaliera: La pedaliera è "a leggio" ed è costituita da 12 piccole leve di legno con un'estensione di un'ottava cromatica (Si_0-Si_1).

Registri: A destra della tastiera vi sono i registri, disposti su due file verticali (8+3), costituiti da 11 pomelli di legno sui quali è indicata la seguente disposizione fonica:

PRINCIPALE	
OTTAVA	VOCE UMANA
QUINTA DECIMA [*sic*]	FLAUTO TRAVERSO
DECIMA NONA	FLAUTO IN 8°
VIGESIMA SECONDA	
VIGESIMA SESTA	
VIGESIMA NONA	
TIRA TUTTI	

A destra della pedaliera fuoriescono due tronconi di barre lignee che servivano per azionare a pedale qualche congegno.

24

Manticeria: A sinistra della tastiera vi è l'interruttore per il motore elettrico che alimenta i mantici.

Scritte e documenti:

Sotto il prospetto di facciata è indicata la paternità dello strumento:

VINCENZO PETRUCCI
NAPOLI
1857

Ultimo restauro, avvenuto nel 2007: Premiata Ditta Bottega d'Arte Organaria "Ponziano Bevilacqua" di Torre di Nolfi (Sulmona)[26].

---

[26] MASTANDREA 2007.

Chiesa dello Spirito Santo

Via Luigi Mazzella, 70

Organo "Giuseppe Baffi" - 1760

L'organo di questa chiesa è probabilmente uno degli organi antichi di scuola napoletana più belli dell'isola d'Ischia. Infatti, la stessa ricchezza delle decorazioni di stucchi, pitture e marmi che adornano la chiesa, gli stessi continui riferimenti allo Spirito Santo e ai pescatori che avevano fatto costruire questo magnifico tempio, grazie ai loro proventi (e agli antichi privilegi aragonesi, vantati sino agli inizi del XX secolo dagli abitanti dell'antico borgo ai piedi del castello), la stessa barocca passione per la teatralità dell'arredo anche in un luogo sacro, sono tutti presenti nel grande organo a muro. Dall'alto della cassa dell'organo, una colomba dorata sovrasta, in posizione centrale, l'intera chiesa e due barchette, ugualmente dorate, con tanto di pescatori intenti a remare verso la curva

27

centrale dominata dallo Spirito Santo, solcano un mare che poggia sulle campate laterali delle canne di facciata.

Collocazione: L'organo è collocato su una cantoria lignea con parapetto mistilineo, decorato con quattro grandi riquadri con cornici dorate e delimitati da cinque paraste anch'esse dorate. Tranne che su quella centrale, le colonnine sono sormontate da un pomo baccellato ligneodorato. I riquadri, su fondo verde scuro, sono delicatamente decorati all'interno con motivi floreali dipinti su un fondo più chiaro. Il parapetto è sormontato per l'intera sua lunghezza da una grata di legno moderna che ne sostituisce una precedente.

Prospetto: Il prospetto, suddiviso in tre comparti, è costituito da 31 canne, 11 nello scomparto di sinistra, 9 al centro e 11 nello scomparto di destra. Le canne in ogni comparto sono disposte a piramide e l'andamento delle loro bocche è curvilineo negli scomparti laterali e retto nello scomparto centrale. A mezza altezza, nello scomparto centrale, è ancora esistente sulla traversina di contenimento, una barocca decorazione ligneodorata, purtroppo assente sulle traversine degli scomparti laterali. Gli spazi lasciati vuoti dalla disposizione a cuspide delle canne di facciata sono riempiti con ornamenti di legno intagliato e dorato.

Manuale: La consolle è "a finestra", ossia tutt'uno con il basamento dello strumento. Il vano della tastiera è munito di coperchio che, aperto, fungeva anche da leggio. Con l'avvento di spartiti in formato più alto che lungo, la sua funzionalità è andata perduta ed è stato aggiunto per praticità un moderno leggio, incernierato sul pannello di copertura della catenacciatura.

La tastiera è costituita da 55 tasti in avorio ed ebano (n.33 tasti diatonici d'avorio e n.22 tasti cromatici d'ebano); il manuale ha un'estensione di quattro ottave e mezza (SI_0-Fa_5).

Pedaliera: Lo strumento è munito di una piccola pedaliera a leggio, collegata direttamente al manuale. Essa è costituita da 13 leve lignee con estensione SI_0-Do_2.

Somiere: Il somiere è *a tiro* con stecche.

Trasmissione: Il tipo di trasmissione tastiera-somiere è a meccanica sospesa.

Registri: I registri posti sul lato destro della tastiera, sono comandati da dodici pomelli di ottone a tirante. Il Tiratutti ha un pomello più grosso. I pomelli sono disposti su due file verticali (8+4) e accanto ad ognuno vi è una targhetta dattiloscritta con il nome del registro.

La composizione fonica segnata è la seguente:

PRINCIPALE 8	
OTTAVA	PRINCIPALE
DECIMA QUINTA	UNDA MARIS
DECIMA NONA	FLAUTO 4
VIGESIMA SEC	FLAUTO IN V
VIGESIMA SES	
VIGESIMA NONA	
RIPIENO	

Più in basso, rispetto agli altri registri vi è una feritoia *a elle* con relativa leva lignea e targhetta indicante "CONTRABASSI"[sic].

Due leve, ugualmente inserite in feritoie *a elle*, sono situate accanto alla pedaliera; entrambe, purtroppo, sono attualmente prive di funzionalità.

Interessante, rara e in ottime condizioni è l'uccelliera doppia (o *aucielli*), situata alla base dello scomparto destro del prospetto di facciata su un minuscolo somiere. È costituita da due condotti che si diramano ciascuno in quattro cannucce immerse in due vaschette, che, in occasione del loro impiego (specie per pastorali durante il periodo natalizio), vengono riempite d'acqua, per produrre il simpatico effetto di un gorgoglio fischiettante. I due piccoli congegni sono comandati da un unico tasto posto sotto il somierino.

Manticeria: La manticeria, sistemata all'esterno del mobile, nell'angolo destro della cantoria, è attualmente costituita da un unico mantice cuneiforme, alimentato da un motore che aziona la pompa d'aria.

Scritte e documenti

Una targhetta sotto lo scomparto di canne a sinistra testimonia il restauro avvenuto nel 1987:

REVISIONE ORGANO
E
RIPRISTINO CANTORIA
OTTOBRE 1987

L'organo fu costruito nel 1760 dall'organaro Giuseppe Baffi, figlio del ben più noto Geronimo Baffi. Successivamente sono documentati i seguenti interventi di manutenzione straordinaria, con ammodernamenti, ricostruzioni e riparazioni:

- Anno 1814 organaro Raffaele Mancini

- Anno 1880 organaro Giuseppe Galasso

- Anno 1939 organari eredi Galasso

- Anno 1964 motore alimentazione mantici: ditta Leonardo Cereali di Locorotondo

- Anno 1987 intervento di restauro ricordato dalla targhetta sull'organo.

***

Rifacimento realizzato dall'organaro Raffaele Mancini

«Nota di una rifrazione fatta ad un organo di undici registri, con primo, e secondo principale, due flauti, contrabbassi, ottava stesa in bemi ed effaut, colla prima canna effaut basso numero 7.
L'organo si è tutto scomposto, pulito, intonato ed accordato ducati 16,00;
si sono accomodate tutte le canne, che erano ammaccate, rotte, e stracciate sopra ducati 6-00;
si è fatto il crivello nuovo, si sono trasportate tutte le canne di piombo, perché confuse e porzione di esse non potevano sonare ducati 12-00;
si è levato il bancone, si è aperta la cassa del vento e tutte le ventole si sono di nuovo assestate, che per aver fatto motivo, e sonare solo, avevano segnate tutte le canne, ed il bancone, per cui l'organo sonava in maniera, che poco si sentiva, e li mantici non risentivano tirandosi ducati 08¬00;
si sono fatte 21 canne nuove nell'ultimo registro cioè 14 mancavano e sette cambiate ducati 04-00;

31

si sono accomodati li sei bassi del principale, che non sonavano, e si sono fatte le bocche e l'anime nuove ducati 03-00;

si è fatta l'ucelliera nuova col suo banconcino ducati 04¬00;

si è fatto il tremolo ducati 03-00;

si sono fatte due trombe di piombo ducati 05-00;

e, finalmente, si è accomodata la registratura perché non apriva, e serviva bene li registri ducati 02-00.»[27]

Particolare dell'uccelliera doppia sul proprio piccolo somiere.

[27] ASSI [Archivio Storico Spirito Santo Ischia], Fascicolo n. 17, conto 1816, ff. nn. Cfr. DI LUSTRO 2003, in particolare pp.243-245; DI LUSTRO 1990, pp. 10-18; SCHIOPPA 1995, p.21.

Arciconfraternita di
Santa Maria di Costantinopoli
Via Luigi Mazzella
Organo anonimo - sec.XIX

Collocazione: L'organo positivo è collocato sulla cantoria di fronte all'altare maggiore della cappella dell'arciconfraternita.

Cassa: Il mobile è costituito da cassa manticeria e cassa somiere. La parte superiore (cassa somiere) è semplicemente decorata con una vernice azzurrina e cornici dorate. La cimasa superiore è rettilinea. Gli sportelli della cassa-somiere sono divisi ciascuno in due ante incernierate e internamente non presentano, allo stato attuale, decorazioni; le ante chiudono il solo prospetto di facciata.

Prospetto: La facciata è costituita da tre comparti delimitati da quattro colonnine in bassorilievo scanalate e dorate. Sulle basi delle colonnine troviamo scolpita, sempre in bassorilievo, una margherita dorata a otto petali. Le canne di facciata sono 19: la loro disposizione è piramidale in ciascun scomparto e l'assetto delle bocche è curvilineo. Nei vuoti lasciati dalle disposizioni digradanti delle canne di facciata sono disposti con figurazioni floreali ornamenti ligneodorati. A circa metà dell'altezza delle canne anche le traverse di legno sono intagliate e dorate, rappresentando una conchiglia al centro di motivi floreali.

Manuale: Il vano della tastiera è munito di coperchio che, aperto, funge anche da leggio. La tastiera è costituita da 47 tasti, d'avorio i diatonici ed ebano i cromatici. L'estensione è di quattro ottave (Do1-Re5) con prima ottava scavezza. I frontalini dei tasti diatonici non sono rifiniti.

Registri: I registri, comandati da otto pomelli di ottone a tirante, sono verniciati con argentone. Il Tiratutti ha un pomello più grosso. Tutti i registri sono posti su due file verticali (6+2) a destra della tastiera.

L'impianto fonico è il seguente:

PRINCIPALE	
OTTAVA	VOCE UMANA
XV	FLAUTO IN QUINTA
XIX	
XXII	
TIRATUTTI	

Sul lato sinistro della tastiera un piccolo sportellino oggi purtroppo vuoto, testimonia la presenza in passato di qualche tipico congegno accessorio, come la Zampogna o l'Uccelliera.

Sul lato destro della tastiera una leva che sporge da una feritoia *a elle* comanda il *Tremolo*.

Somiere: Il somiere, del tipo *a tiro*, è a due segrete ed è stato completamente restaurato. Le due ante anteriori delle segrete, guarnite in pelle ai bordi, sono chiuse da due chiusure a farfalla.

Trasmissione: Il tipo di trasmissione tastiera-somiere è a meccanica sospesa. Sulla tavola di catenacciatura sono segnati con inchiostro nero i numeri di corrispondenza tasto-ventilabro: al posto del numero uno, vi è il *signo crucis*, ossia una croce †. La stessa serie è riportata anche sui ventilabri all'interno del somiere.

Manticeria: La cassa manticeria ha due ante sul lato anteriore. I due mantici cuneiformi sono azionati da due leve di metallo che fuoriescono dal lato destro. Ancora funzionanti, le leve sono attualmente sostituite da un silenziosissimo motore di una pompa ad aria.

Ultimo restauro dello strumento a opera di Ponziano Bevilacqua.

Chiesa dell'Annunziata

via Campagnano

Organo "Benedetto De Rosa" - 1806

Collocazione: L'organo positivo è sistemato al centro della cantoria posta sull'ingresso principale della chiesa.

Prospetto: Il prospetto di facciata è suddiviso in tre scomparti che contengono rispettivamente 9, 7 e 9 canne di stagno per un totale di 25 canne di facciata, la cui disposizione è a cuspide in ogni sezione, mentre l'assetto delle bocche è curvilineo, con apice in giù negli scomparti laterali e apice in su in quello centrale. La canna maggiore mostra una croce punzonata al vertice dello scudo labiale. Negli intradossi di ciascuno scomparto vi sono eleganti ornamenti fitomorfi di legno dorato; anche le traversine di contenimento sono intagliate e dorate, riproducendo al centro una conchiglia.

Cassa: La cassa somiere è priva delle consuete portelle ed è decorata con semplici e variopinti festoni floreali su fondo bianco.

Manuale: La tastiera, evidentemente *recentiori*, ha la tipica estensione di quattro ottave di 45 tasti bianchi e neri (estensione: Do1/Mi1-Do5), con la prima ottava corta.

Pedaliera: La pedaliera, all'italiana, è formata da 9 tasti, con estensione Do1/Mi1-Do2, direttamente collegati all'ottava corta del manuale.

Registri: A destra del manuale, i registri sono incolonnati su due file verticali (2+8) e sono comandati da tiranti di ferro con pomelli argentati; il Tiratutti ha un pomello un po' più grande.

L'impianto fonico è il seguente:

	PRINCIPALE
VOCE UMANA	OTTAVA
FLAUTO IN QUINTA	XV
	XIX
	XXII
	XXVI
	XXIX
	TIRATUTTI

Somiere: Il somiere è *a tiro*, e, all'interno delle due segrete, i ventilabri sono numerati con inchiostro nero; il primo ventilabro reca il segno di una croce.

Trasmissione: La trasmissione tastiera-somiere è del tipo a meccanica sospesa.

Manticeria: I mantici, posti nella parte bassa dello strumento, sono attualmente alimentati da una ventola elettrica.

Accessori: Due pedaletti in feritoie sistemate nella parte inferiore destra dello strumento comandano il meccanismo del *Tremolo*.

Scritte e Documenti:

Lo strumento è firmato e datato con un'epigrafe dipinta sul frontale di tastiera:

BENEDICTUS DE ROSA
F. A. D. MDCCCVI

[*Benedetto de Rosa fece nell'anno del Signore 1806*]

Chiesa di San Domenico

Via Vecchia Cartaromana 10

Organo anonimo – sec.XIX

Collocazione: L'organo positivo è collocato in fondo al presbiterio *in cornu Epistulae* ossia a destra guardando l'altare maggiore della chiesa.

Prospetto: Il prospetto di facciata, suddiviso in tre campate, presenta in totale 19 canne (7-5-7); l'assetto delle bocche è curvilineo e l'andamento delle altezze è piramidale in ciascuno scomparto. A circa metà dell'altezza delle canne di ogni sezione vi è una traversa di legno con due scanalature parallele. Gli intradossi di ciascuno scomparto sono riempiti da semplici pannelli che seguono ad arco il movimento a cuspide delle canne, appena accompagnati da leggiadri rami, foglie e fiori dipinti.

Cassa: La cassa somiere, dotata di due portelle incernierate a due ante ciascuna, è dipinta con fondo verde è decorata con leggiadri festoni floreali. La cimasa è mistilinea leggermente a cuspide nella parte centrale.

Manuale: La tastiera, in bosso ed ebano, si estende per quattro ottave con prima ottava corta, totale dei tasti: 45 (estensione: Do1/Mi1-Do5).

Registri: I registri, incolonnati su due file verticali (6+1) a destra del manuale, sono comandati da tiranti di ferro con pomelli d'ottone; il pomello del Tiratutti è più grosso. I registri recano attualmente cartellini stampati.

L'impianto fonico è il seguente:

PRINCIPALE	
OTTAVA	FLAUTO IN QUINTA
XV	
XIX	
XXII	
TIRATUTTI	

Somiere: Il somiere appartiene alla tipologia *a tiro* con stecche.

Trasmissione: A meccanica sospesa.

42

Manticeria: I mantici, posti nella parte bassa dello strumento, sono alimentati da un elettroventilatore.

Lo strumento è stato restaurato nel 2005.

Scritte e Documenti:

Il pannello frontale della consolle reca la scritta:

FATTO DAL P.^E D. PASQUALE PILATO 1867

Su una targhetta metallica è stampato:

CHIESA DI SAN DOMENICO
INAUGURAZIONE DEL SETTECENTESCO
ORGANO RESTAURATO DALLA
"FONDAZIONE ING.SALVATORE LEONESSA"
ISCHIA, 4 AGOSTO 2005

Chiesa di Santa Maria delle Grazie

Castello Aragonese

Organo anonimo – sec.XIX

Collocazione: L'organo positivo è collocato sul presbiterio *in cornu Evangeli*, ossia a sinistra dell'altare maggiore della piccola chiesa.

Prospetto: La mostra è costituita da tre fornici delimitati da quattro paraste con capitelli dorati. Le canne di facciata sono in totale 19 (7-5-7); la loro disposizione è piramidale e l'assetto delle loro bocche è curvilineo. A circa metà dell'altezza delle canne in ogni scomparto vi sono traversine di legno tinte verdi con due scanalature dorate. Anche le quattro paraste hanno due scanalature dorate su fondo verde.

Cassa: Il mobile è tutto dipinto in verde. Gli sportelli della cassa-somiere, divisi ciascuno in due ante incernierate, non presentano decorazioni. La cimasa, tutta modanata e dorata, è mistilinea, diritta ai lati e spiovente al centro.

Manuale: La tastiera, recente, è costituita da 45 tasti di avorio ed ebano, con un'estensione di quattro ottave, con la prima ottava corta (Do1/Mi1-Do5).

Registri: I registri, comandati da sei pomelli di ottone a tirante, sono posti su due file verticali a destra della tastiera (5+1). Il pomello Tiratutti per il ripieno è, come consuetudine, leggermente più grosso.

L'impianto fonico è il seguente:

PRINCIPALE	
OTTAVA	FLAUTO IN XII
XV	
XIX	
TIRATUTTI	

Somiere: Il somiere, con un'unica antina, è del tipo *a tiro* con stecche.

Trasmissione: Il tipo di trasmissione tastiera-somiere è a meccanica sospesa.

Manticeria: La cassa manticeria, con due sportelli frontali, contiene due mantici cuneiformi, anticamente alimentati da due stanghe lignee sporgenti da feritoie sul lato sinistro. Oggi lo strumento è dotato di elettroventilatore.

L'ultimo restauro è stato effettuato nel 1993, ad opera dell'organaro Ponziano Bevilacqua (1940-2014).

Scritte e documenti:

Un cartello recita la seguente informazione:

ORGANO DEL 1700
COSTRUZIONE SCUOLA NAPOLETANA
DONATO A QUESTA CHIESA
DALLA FAMIGLIA BALDINO
DI FIAIANO DI BARANO D'ISCHIA

In una teca posta sul muro lateralmente allo strumento, sono conservate le 19 canne originali di facciata dell'organo prima del restauro[28].

---

[28] Grazie a Giovanni Mattera, attuale proprietario dell'organo, e all'amico organista Gianfranco Manfra per le notizie sugli organi attualmente presenti sul Castello Aragonese.

III.

Musicisti e organisti ischitani del passato

Chi canta prega due volte
[Sant'Agostino]

"Chi suonava questi strumenti?"

È la domanda più frequente che ti senti rivolgere qui a Ischia ed è forse quella "curiosità" che spiega meglio il perché di un premuroso sentimento di possesso verso queste macchine sonore che partecipano ad arricchire momenti rituali legati alla vita di ciascuno. Purtroppo riguardo ai musicisti ischitani, occorre considerare quanto siano veramente pochi i nomi giunti sino a noi di quelli che nel passato suonarono gli organi delle chiese di Ischia.

Spicca particolarmente tra i musicisti ischitani del passato il nome di Silvestro Palma[29], nato a Barano nel 1754, il quale studiò presso il Conservatorio di S. Maria di Loreto a Napoli, sotto la guida di Fedele Fenaroli per il contrappunto e Saverio Valente per il canto. Fu in seguito uno degli allievi prediletti del famosissimo compositore e maestro Giovanni Paisiello. Il Palma (o anche Di Palma), fu autore di numerose opere sia di musica profana sia di musica sacra che ancora oggi si conservano manoscritte in biblioteche musicali italiane e straniere. Morì a Napoli nel 1834.

---

[29] MAIONE 2015.

SILVESTRO PALMA, *Il Pallone aerostatico*, frontespizio,
Biblioteca del Conservatorio di musica S. Pietro a Majella – Napoli

A parte questa personalità, sappiamo che per lo più il compito di suonare l'organo in chiesa sull'isola di Ischia, fu prerogativa di rappresentanti del clero e in qualche caso risulta nei documenti che ad essi veniva erogata anche una sorta di stipendio; verso la fine del Settecento, tale retribuzione non superava la cifra di un ducato e mezzo al mese, come nel caso dell'organista della chiesa di San Sebastiano a Barano[30], di cui non conosciamo il nome sino al 1880, quando organista titolare, per non più di un anno, fu nominato don Aniello Di Maio[31]; sempre a San Sebastiano agli inizi del '900 troviamo come organista il vice parroco don Giovanni Conte[32]. Nel Novecento si ricordano come organisti ischitani Antonio Di Manzo, frate Benigno Tramparulo[33] e Luigi Iacono. La

[30] CERVERA - DI LUSTRO 1988, p.131.
[31] IBIDEM.
[32] IBIDEM; Don Giovanni Conte divenne poi parroco di San Sebastiano dal 1924 al 1934, cfr. DI LUSTRO - MAZZELLA, 2014, p.72.
[33] cfr. MASTANDREA 2007

singolare la figura di quest'ultimo, ci dà occasione di condividere qualche momento di un vissuto musicale sulle cantorie delle chiese ischitane, grazie alla sua smania di scrivere sin da ragazzino con la matita sugli organi da lui suonati: oltre alla propria firma, la data di nascita, disegni di fiorellini, l'indirizzo, la qualifica, la propria firma, il nome di qualche organaro che verosimilmente aveva accompagnato e la data dell'intervento di manutenzione. Di professione sarto, Luigi Iacono, nato nel 1905 a Ischia Ponte e vissuto in via del Seminario, come lui stesso ci ha lasciato scritto, era un vero autodidatta appassionato di musica (come suo padre Francesco), ed era abile a suonare tutti gli strumenti a tastiera che gli si presentavano: pianoforte, fisarmonica, harmonium, organo. Organizzò anche un piccolo coro per animare le funzioni liturgiche. Morì nel 1957 e sulla sua tomba fece scrivere "organista".

Luigi Iacono accompagna con un harmonium il suo piccolo coro a Ischia[34].

[34] Ringrazio l'amico Luca Iacono, compositore e pianista, che mi ha fornito notizie e foto del nonno.

IV.

Antichi organi positivi napoletani a Casamicciola e Lacco Ameno

Ischia è detta anche "l'isola dalle cento chiese" e, in effetti, tra cappelle e chiese questo numero è veritiero. Andare a controllare tutte le chiese, una per una, pubbliche e private, attive, abbandonate o distrutte, non rientra certo nell'economia di questo lavoro. Ma per chi volesse approfondire la propria conoscenza "organaria", in questo capitoletto sono state compilate e raccolte le schede di alcuni organi positivi antichi che ho avuto modo di visitare, ancora oggi esistenti nei comuni di Casamicciola e Lacco Ameno.

Il terribile terremoto che distrusse Casamicciola il 28 luglio 1883, fu una delle peggiori catastrofi che colpirono l'isola d'Ischia. La drammatica calamità coinvolse anche la maggior parte delle chiese di questo territorio e molti organi e cantorie rovinarono o furono completamenti distrutti. Ciononostante, in varie chiese è possibile ancora oggi ammirare e ascoltare degli splendidi e funzionanti organi settecenteschi e della prima metà dell'Ottocento. Questa piacevole sorpresa è il frutto di un recupero e di una ricostruzione che fu attenta a rinvenire e riutilizzare materiali e oggetti legati tutti a una concezione d'identità culturale che abbiamo già visto predominante nella tradizione e nelle abitudini ischitane.

E, ricordando quella catena di casualità di kantiana memoria, mi chiedo se sia solamente un caso che l'unica immagine dipinta di un organo, sistemato al centro tra Santa Cecilia (Patrona della Musica) e San Gennaro (Patrono di Napoli), sia stata realizzata proprio da un pittore isolano...

CESARE CALISE, *Trinità con San Gennaro e Santa Cecilia*,
Basilica di San Vito, Forio d'Ischia, 1636.

Chiesa di Sant'Antonio da Padova

Località Perrone, CASAMICCIOLA

Organo anonimo – sec. XIX

La chiesa di Sant'Antonio fu fondata nel 1692 da Cesare Corbera, marito di Laura Calosirto, sorellastra di San Giovanni Giuseppe della Croce (al secolo Carlo Gaetano Calosirto 1654-1734). Fu la sola chiesa di Casamicciola ad essere stata risparmiata dal terribile sisma del 1883.

Collocazione: L'organo positivo è collocato nell'angolo sinistro della cantoria in muratura di fronte all'altare maggiore della chiesa.

Prospetto: La facciata è divisa in tre sezioni da quattro paraste, con basi e capitelli verdi. Le parti mediane delle colonnine e le traversine di contenimento delle canne hanno due scanalature verdi. Le canne di facciata sono 19 canne (7-5-7), con assetto delle bocche curvilineo e disposizione piramidale in ciascuno scomparto. Gli intradossi delle tre sezioni hanno pannelli lignei verdi che colmano i vuoti lasciati dalle tre cuspidi di canne.

Cassa: La cassa somiere, dotata di due portelle incernierate a due ante ciascuna è dipinta con fondo beige. Le due fiancate della cassa somiere hanno una cornice dipinta verde. La cimasa è mistilinea leggermente a cuspide nella parte centrale.

Manuale: La tastiera ha un'estensione di quattro ottave con prima ottava corta, per un totale di 45 tasti (Do1/Mi1-Do5).

Somiere: Il somiere appartiene alla tipologia *a tiro* con stecche.

Trasmissione: A meccanica sospesa.

Registri: I registri, incolonnati su due file verticali (7+1) a destra del manuale, sono comandati con pomelli d'ottone; il pomello del Tiratutti è più grande.

L'impianto fonico è il seguente:

PRINCIPALE	
OTTAVA	FLAUTO IN QUINTA
XV	
XIX	
XXII	
XXVI	
TIRATUTTI	

Manticeria: I mantici, posti nella parte bassa dello strumento, sono due cuneiformi, azionati da stanghe lignee che fuoriescono a sinistra della cassa manticeria. Oggi vi è un elettroventilatore.

Scritte e Documenti:

Sull'antina della segreta del somiere è testimoniato un intervento di manutenzione nella prima metà del secolo scorso:

ELIA FAVORITO E FRATELLI
SMONDARONO À 4 APRILE
1928

Chiesa dell'Immacolata

Località Sentinella, Calata Sant'Antonio - CASAMICCIOLA

Organo anonimo – sec. XVIII

Collocazione: L'organo positivo è collocato sulla cantoria lignea posta di fronte all'altare maggiore della chiesa.

Prospetto: Il prospetto di facciata, suddiviso in tre campate, presenta in totale 19 canne (7-5-7) disposte a cuspide in ciascuna sezione; l'assetto delle bocche è curvilineo negli scomparti laterali e rettilineo in quello centrale. Le traversine dorate di contenimento a metà altezza delle canne sono scolpite in legno con motivi fitomorfi, mentre al centro vi è uno stemma con corona dorata, troncato, nel primo con monogramma mariano e nel secondo marrone. Gli intradossi di ciascuno scomparto sono riempiti da lavori d'intaglio ligneodorati che seguono ad arco il movimento a cuspide delle canne. Le quattro colonnine di separazione sono dorate e decorate con raffinati motivi di rami, foglie e fiori dipinti.

Cassa: La cassa somiere, dotata di due portelle incernierate a due ante ciascuna, è dipinta internamente con un "recente" fondo verde coprente, mentre all'esterno ogni portella è marrone con un riquadro color crema. La cimasa tutta dorata è mistilinea, curva nella parte centrale.

Manuale: La tastiera, *recentiori*, si estende per quattro ottave con prima ottava corta, ed è costituita da 45 tasti bianchi e neri (estensione: Do1/Mi1-Do5).

Somiere: Il somiere è *a tiro* con stecche. La segreta tutta dipinta di rosso è unica con due antine. Nella parte interna di una di esse vi è un bollino stampato che attesta l'intervento di restauro degli organari Favorito.

Trasmissione: A meccanica sospesa.

Registri: I registri, incolonnati su due file verticali (2+8) a destra del manuale, sono comandati da tiranti di ferro con pomelli d'ottone; il pomello del Tiratutti è più grosso. Tutti i pomelli sono ricoperti d'argentone. I registri recano cartellini manoscritti.

L'impianto fonico è il seguente:

	PRINCIPALE
VOCE UMANA	OTTAVA
FLAUTO IN XII	XV
	XIX
	XXII
	XXVI
	XXIX
	TIRATUTTI

Manticeria: I mantici, posti nella parte bassa dello strumento, sono attualmente alimentati da un elettroventilatore, ma possono anche essere azionati da una stanga lignea che fuoriesce dal lato destro della cassa manticeria. I mantici sono costituiti da un mantice contenitore superiore e due manticetti alimentatori inferiori.

Accessori: Il pannello frontale di tastiera che consente l'accesso alla catenacciatura, a sinistra possiede uno sportellino che in origine consentiva l'accesso all'uccelliera o alla canna zampogna. Oggi il vano interno è completamente vuoto.

Scritte e Documenti

Numerosi sono i segni a matita d'interventi di manutenzione e restauri avvenuti per lo più nel secolo scorso:

accordatore/Giuseppe Galasso / accomodato Giuseppe Galasso 16-5-1957
/ Luigi Iacono
Elia Favorito e fratelli / Ripararono ai 8 Maggio 1928
Iacono Luigi / Organista Via Seminario 19 / Ischia 16-5-1957

Infine, su un bollino incollato all'interno di un'antina della segreta somiere è stampato:

ELIA FAVORITO
FABRICANTE D'ORGANI
ANTICHI E NUOVI
SISTEMI
SCASSACOCCHI - AI TRIBUNALI
NAPOLI, 4

Chiesa di Santa Maria della Pietà

Corso Manzi - CASAMICCIOLA

Organo positivo del sec. XVIII

Collocazione: L'organo positivo si trova al centro della cantoria sull'ingresso principale della chiesa.

Prospetto: La facciata, a serliana, è costituita da 19 canne ed è suddivisa in tre scomparti, sette canne nei due scomparti laterali e cinque canne al centro; in ogni settore le canne sono sistemate a piramide e la disposizione delle bocche è curvilinea con vertice in giù in tutti e tre gli scomparti. Le quattro lesene di separazione, leggermente rastremate verso il basso, hanno basi, cornici del fusto e capitelli dorati; una decorazione discendente dai capitelli, ugualmente dorata, è posta su ciascuna lesena; il fondo delle lesene, marrone, presenta un lieve motivo di foglioline verdi dipinte. Le traversine di contenimento di legno poste a metà altezza delle canne sono intagliate, scolpite e indorate, mentre gli intradossi delle tre sezioni sono riempiti da lavori d'intaglio e traforo ugualmente ligneo dorati, che impreziosiscono il vuoto lasciato dalle diverse altezze delle canne.

Cassa: La cassa somiere doveva essere dotata di portelle: sulle cerniere ancora esistenti sono stati fissati due pannelli laterali. Sulla cimasa due angioletti non originali ai lati trattengono due festoni vegetali con grappoli d'uva che si dipartono dal centro. Anche nella trabeazione, a fondo marrone, vi sono elementi decorativi dorati.

Manuale: La tastiera, costituita da 49 tasti bianchi e neri, è evidentemente recente e ha un'estensione di quattro ottave (Do1 - Do5). Una vecchia tastiera di 45 tasti, con identica estensione ma con prima ottava corta, era conservata all'interno della cassa manticeria.

Registri: I registri, con pomelli d'ottone, sono situati a destra del manuale su due file verticali (2+8); il pomello del Tiratutti è più grosso.

L'impianto fonico è il seguente:

	PRINCIPALE
VOCE UMANA	OTTAVA
FLAUTO IN XII	XV
	XIX
	XXII
	XXVI
	XXIX
	TIRATUTTI

Somiere: Il somiere è *a tiro* con stecche.

Trasmissione: A meccanica sospesa.

Manticeria: La cassa è tutta marrone con un unico sportello basculante anteriore. I due mantici cuneiformi, posti nella parte bassa dello strumento, sono alimentati da un elettroventilatore, ma possono anche essere azionati da due stanghe di legno che fuoriescono dal lato sinistro della cassa manticeria.

Accessori: a sinistra del manuale, internamente, c'è una lievissima traccia appartenente a un somierino di qualche accessorio (uccelliera o canna zampogna).

Scritte e Documenti

Sulla tavola di catenacciatura è presente una firma e una data a matita preceduta da una parola poco leggibile:

> *Re*
> *costruito*[???] *Biaggio Rosa 1772*

Su una targhetta metallica fissata sul lato destro della cassa somiere è scritto:

RESTAURATO
DAI CONFRATELLI
DE NICOLA BONAVENTURA
MANCO PASQUALE
1996

Lo studioso ischitano Di Lustro riporta le seguenti notizie, tratte da un documento notarile del 24 febbraio 1740:

"Per la congrega della Pietà di Casamicciola ne costruì uno nel 1740 l'organaro Paolo Mauro Gallo. Misurava palmi 11 di altezza e palmi 5 ½ di larghezza, adorno di 'intagli ad argento misturato con otto registri'; costò 82 ducati"[35]

La trasposizione in sistema metrico decimale delle misure indicate nel documento, considerando che un palmo equivaleva a cm 26,36[36], corrisponde a cm 289,96 di altezza e, giusto la metà, cm 144,98 di larghezza. Allo stato attuale, le misure dello strumento esaminato sono di cm 317 e cm 158, ossia circa 12 palmi di altezza e 6 palmi di larghezza; il numero dei registri è 9 più il Tiratutti.

[35] Archivio di Stato di Napoli, *Notai sec XVIII*, scheda 202, notaio Nicola Antonio Pisani di Lacco, prot. 19, anno 1740, foglio staccato; cfr. DI LUSTRO 1990, p.14.
[36] MARTINI 1883, p.394.

La catastrofe di Casamicciola. — LE ROVINE DELLA CHIESA DELL'ANNUNZIATA. (Disegno dal vero del signor Matania).

Chiesa di Pasquale Baylon

Località Perrone, corso Vittorio Emanuele - CASAMICCIOLA

Organo "Gaspar Pappalardo" – 1829

Collocazione: L'organo positivo si trova nell'angolo destro della cantoria sull'ingresso principale della chiesa.

Prospetto: Il prospetto è diviso in tre scomparti con 19 canne (7-5-7); in tutti gli scomparti le canne sono sistemate a piramide e la disposizione delle bocche è curvilinea nei settori laterali e rettilinea in quello centrale. Le quattro colonnine di separazione hanno basi e capitelli dorati; il fondo delle colonnine è azzurrino. Le traversine lignee di contenimento, poste a metà altezza delle canne, hanno forma di piccola corona realizzata con foglie e fiori dorati; negli intradossi, i vuoti lasciati dal movimento a cuspide delle canne sono riempiti da eleganti lavori d'intaglio e traforo, ugualmente di legno dorati, che rappresentano fogliami e fiori.

Cassa: La cassa somiere è provvista di due portelle, con ante incernierate, ed è tinta sia internamente sia esternamente di colore celeste. Una semplice cornicetta dorata e azzurra, seguita parallelamente dalla cimasa superiore, accompagna la delicata curva della trabeazione dal fondo celeste.

Manuale: La tastiera è coeva e il coperchio funge anche da leggio. Accanto al leggio è ancora presente sulla sinistra il gancio reggicandela. L'estensione del manuale è di quattro ottave con prima ottava corta (Do1/Mi1-Do5); i 45 tasti sono in avorio ed ebano.

Registri: I registri, con pomelli d'ottone, sono disposti a destra del manuale su due file verticali 2+7.

L'impianto fonico è il seguente:

	PRINCIPALE
VOCE UMANA	OTTAVA
FLAUTO IN XII	XV
	XIX
	XXII
	XXVI
	TIRATUTTI

Somiere: Il somiere è *a tiro* con stecche.

Trasmissione: A meccanica sospesa.

Manticeria: La cassa manticeria è anch'essa tutta celeste. Originariamente vi dovevano essere due mantici cuneiformi, come attestano le due fessure sul lato destro, ora chiuse, dalle quali fuoriuscivano le stanghe. In seguito lo strumento, probabilmente per la mancanza di tira-mantici, fu dotato di un ingegnoso sistema a pedali, tipo harmonium, per alimentare i mantici che, nel frattempo, erano stati sostituiti col sistema costituito dal mantice contenitore superiore e due manticetti alimentatori inferiori. I due piccoli pedali, ancora esistenti, possono essere estratti da un apposito sportello realizzato al centro della cassa manticeria. Oggi lo strumento è dotato di un elettroventilatore.

Accessori: A sinistra del manuale, vi è uno sportellino che chiude un vano al cui interno si trova un minuscolo somierino con due piccole manette di legno, delle quali una comanda il meccanismo dell'uccelliera. L'uccelliera, funzionante e tutta di piombo, è costituita da cinque cannucce.

Scritte e Documenti

Sul pannello frontale del manuale, appena sotto le portelle vi è al centro data e firma dell'inedito artefice dello strumento:

GASPAR PAPPALARDO
F.A.D. 1829

Lo strumento misura cm 262 d'altezza e cm 131 di larghezza, che equivalgono a circa 10 palmi napoletani d'altezza e 5 palmi di larghezza. L'impiego del palmo napoletano e del tipico rapporto 2:1 delle dimensioni, accanto ad altri elementi come la tipica uccelliera, la tastiera di 45 tasti con le peculiari modanature delle spallette laterali, il timbro chiaro e brillante e l'ottimo stato di conservazione rendono particolarmente intrigante lo studio di questo strumento, che allo stato attuale delle nostre conoscenze è l'unico prodotto ancora esistente di questo inedito organaro.

Chiesa dell'Assunta

Piazza Rosario – LACCO AMENO

Organo positivo – sec. XVIII

Collocazione: L'organo positivo si trova al centro della cantoria posta di fronte all'altare maggiore della chiesa.

Prospetto: Il prospetto di facciata è costituito da 18 canne di stagno divise in due scomparti (9+9) e sono sistemate a piramide; la disposizione delle bocche segue una linea contrapposta all'andamento dell'altezza delle

73

canne. Gli spazi lasciati vuoti dall'andamento piramidale delle canne sono riempiti da decorazioni realizzate con motivi fitomorfi in legno traforato, intagliato e dorato. Le tre colonnine, due ai lati e una al centro, sono a fondo bianco, con cornici, basi e capitelli dorati. Le due garbate traversine di contenimento, poste a metà altezza delle canne, sono ugualmente di legno dorato.

Cassa: La cassa somiere è protetta da due portelle bianche suddivise in ante incernierate e la cimasa mistilinea superiore anche è dorata.

Manuale: La tastiera è coeva e il coperchio serve, quando aperto, anche da leggio. L'estensione del manuale è di quattro ottave con prima ottava corta (Do1/Mi1-Do5); i 45 tasti sono in bosso ed ebano e mancano di tutti i frontalini che probabilmente erano rifiniti a chiocciola.

Pedaliera: La pedaliera, "all'italiana", è costituita da 9 tasti direttamente collegati al manuale, e ha l'ambito di un'ottava in sesta (Do1/Mi1-Do2).

Somiere: Il somiere è il tipico somiere *a tiro* con stecche settecentesco.

Trasmissione: Anche qui troviamo la tipica trasmissione tastiera-somiere a meccanica sospesa.

Registri: I registri sono disposti a destra della tastiera; comandati con pomelli d'ottone, sono disposti su due file verticali (6+2).

L'impianto fonico è il seguente:

PRINCIPALE	
OTTAVA	VOCE UMANA
XV	FLAUTO IN XII
XIX	
XXII	
TIRATUTTI	

Manticeria: La cassa manticeria pure è tutta bianca, con un unico sportello anteriore centrale basculante.

Attualmente lo strumento, funzionante, è dotato di un elettroventilatore.

Scritte e Documenti

Dietro il pannello frontale del manuale, è segnato a matita un intervento di manutenzione dei Fratelli Favorito:

Elia Favorito e Fratelli ripararono ai 12 agosto 1928

Unita alla congrega dell'Assunta, vi era la chiesa del SS. Rosario la quale fu completamente distrutta dal terribile terremoto del 1883.

Nella chiesa del Rosario, sin dal Settecento vi era un organo costruito dall'organaro Silverio Carelli nel 1765, collocato in un primo tempo alle spalle dell'altare maggiore; in seguito, nel 1771, l'organo fu issato sulla cantoria nuova realizzata dal falegname Vincenzo Albanese: l'operazione fu seguita dallo stesso Carelli, il quale in quella occasione apportò anche modifiche allo strumento[37].

Possiamo immaginare che lo strumento Carelli fosse veramente monumentale, poiché il costo ammontò a oltre 450 ducati, cifra davvero rilevante se si considera che il valore di un organo positivo napoletano all'epoca si aggirava mediamente intorno ai 100 ducati[38]. Purtroppo anche l'organo, assieme all'intera cantoria, crollò e si distrusse nel terremoto del 1883.

[37] DI LUSTRO 1990, p.14.
[38] Cfr. le polizze di pagamento a organari in RIZZO 1979 e RIZZO 1990.

Chiesa del SS. Rosario di Lacco. Foto pubblicata in HENRY JAMES
JOHNSTON-LAVIS, *Monograph of the Earthquakes of Ischia*,
London-Naples, 1885.

Chiesa di San Rocco

Via San Rocco – LACCO AMENO

Organo positivo

Collocazione: L'organo positivo si trova al centro della cantoria posta di fronte all'altare maggiore della chiesa.

Prospetto: Il prospetto di facciata, di essenziale semplicità, è costituito da 19 canne di stagno disposte a piramide in un unico scomparto, delimitato da due colonnine dorate scanalate unite da una traversina di contenimento, ugualmente dorata e scanalata.

Cassa: La cassa somiere è provvista di due portelle, con ante incernierate, ultimamente dipinte con angeli musicanti. La cimasa, mistilinea e a cuspide, presenta poggiati agli angoli due recenti angioletti dorati.

Manuale: La tastiera, di 45 tasti, non è originale, ma probabilmente lo è la sua estensione di quattro ottave con prima ottava corta (Do1/Mi1-Do5). Il coperchio, quando è aperto, serve anche da leggio.

Registri: I registri, con gli antichi pomelli d'ottone, sono disposti a destra del manuale su due file verticali 6+2. Il pomello del Tiratutti è leggermente più grande.

L'impianto fonico è il seguente:

PRINCIPALE	
OTTAVA	VOCE UMANA
XV	FLAUTO IN XII
XIX	
XXII	
TIRATUTTI	

Somiere: Il somiere è *a tiro* con stecche.

Trasmissione: A meccanica sospesa.

Manticeria: La cassa manticeria presenta due portelle. All'interno sono collocati due mantici cuneiformi, oggi alimentati da un elettroventilatore.

Accessori: A sinistra del manuale, vi è uno sportellino che chiude un vano al cui interno si trova un piccolo somiere sul quale è poggiata l'uccelliera, funzionante e tutta di piombo, costituita da cinque cannucce. Una manetta di legno mette in funzione il meccanismo. Anche questo accessorio, compreso il piccolo somiere, è di recente fattura.

Scritte e documenti

La chiesa di San Rocco, fondata nel sec. XVII, fu completamente distrutta a seguito del terremoto del 1883 che colpì Casamicciola e Lacco Ameno. L'organo antico pure rovinò tra le macerie. Quel poco che ne rimane oggi, grazie al bel legame verso il proprio passato della comunità parrocchiale, è nuovamente sulla cantoria nella chiesa ricostruita.

Sotto il coperchio della tastiera vi è un foglietto incollato stampato al computer:

> INTERAMENTE RESTAURATO E
> RIPORTATO ALL'ORIGINALE DAL
> M. FILIPPO SCHIOPPA
> MAGGIO 2002

V.

Maestri organari a Ischia

Arte significa:
dentro a ogni cosa mostrare Dio.
Hermann Hesse

Gli organi a canne, siano essi *a muro* o *positivi*, hanno tutti una loro specifica individualità dovuta non solo a caratteristiche estetiche, ma anche e soprattutto a peculiarità timbriche che un orecchio fine è in grado di riconoscere e distinguere quando ne ascolta la voce. Gli organi, che talvolta riescono a essere incredibilmente anonimi e, con stupefacente discrezione, sanno celarsi in silenzio tra l'arredo di una chiesa, nascosti in apparenti armadi, favoriti da alte cantorie e da portelle dal duplice scopo di proteggere/nascondere il prospetto delle canne, una volta in funzione accentrano l'attenzione di tutti i presenti in chiesa e guidano, specie se suonati con maestria e competenza, a un'elevazione spirituale che nessun altro strumento musicale è in grado di eguagliare. L'uso di specifici e caratteristici registri organistici, quali il *Principale* e le file del suo *Ripieno*, accompagnati dall'occasionale presenza di *Flauto* e di *Voce humana*, consentono una prodigiosa molteplicità di combinazioni sonore, realizzabile solo grazie alla straordinaria abilità di esperti artigiani, capaci di costruire queste meravigliose macchine musicali.

Prendendo in considerazione gli organari attivi in passato sull'isola d'Ischia, appare evidente che quasi tutti erano maestri dell'arte organaria napoletana, i quali realizzavano strumenti commissionati da un clero attento e consapevole dell'importanza artistica e musicale delle botteghe di Napoli.

Se si esclude la vicenda dal sapore romantico relativa alla prigionia dell'organaro Vincenzo Petrucci nel carcere borbonico del Castello Aragonese e la realizzazione dell'organo di Portosalvo in cambio della sua libertà, non abbiamo alcuna notizia di strumenti costruiti direttamente sull'isola, ma solo di strumenti che venivano assemblati dopo che tutte le loro parti erano già state realizzate in terraferma. Il montaggio avveniva per opera del mastro organaro direttamente o, molto più spesso, per opera dei suoi "giovani", ossia apprendisti e collaboratori che si recavano sul posto, consentendo al mastro di non tralasciare la direzione della propria bottega e di poter intervenire *in loco* solo per la messa a punto finale di lavori particolarmente importanti[39].

---

[39] Si veda, ad esempio, questo documento: *"A Gaspare Stefanino, ducati 22 per pagarli a Geronimo d'Amato, che hanno per servire per la Feluca che portarà l'Organo che ha fatto detto Geronimo per la chiesa di San Domenico di Nicastro e per le spese di detto Geronimo a suo garzone..."* (Archivio Storico del Banco di Napoli [ASBN], Banco dello Spirito Santo, giornale cassa matricola 47, 6 luglio 1607, p.176), cfr. RIZZO 1979, pp.249-250. Per un altro organo spedito via mare sino a Londra, vedi: *"A Noma Albins e Preston, ducati 75 e per essi a Fabrizio Cemmino* [sic, Cimmino] *Mastro Organaro,e sono per intiero e final pagamento di un organo costruitoli e consignatoli a bordo di nave, in conformità del di lui obligo, come si legge nell'albarano stipulato fra loro e detto rimasto per gl'atti di Notar Francesco Diego Scala sotto li 28 maggio passato, in compimento di d.100 acordatigli per prezzo di detto Organo, avendogli pagati d.25 nel giorno della stipulazione di*

84

A riprova di ciò vi è innanzitutto la prevalenza della particolare tipologia di strumento presente nelle chiese ischitane: l'organo positivo napoletano. Infatti, dei sette strumenti presenti nelle chiese del decanato di Ischia, solo due sono a muro (Cattedrale e Collegiata dello Spirito Santo), mentre ben cinque sono organi positivi.

L'organo positivo napoletano fu un'importante tipologia di strumento realizzata dai maestri organari napoletani sin dal XVI secolo[40], che, rispetto all'organo a muro, aveva i suoi punti di forza nell'essere di più contenute dimensioni e quindi più facilmente trasportabile, ma soprattutto di essere molto meno costoso. Simile a un grosso armadio a due ante, l'organo era costituito da due parti sovrapposte: la *cassa somiere* nella parte superiore, contenente il prospetto, le canne, il leggio, la tastiera, i registri e gli accessori, e la *cassa manticeria* nella parte inferiore, con la pedaliera, i condotti per l'aria, i mantici e le stanghe per alimentarli, sporgenti lateralmente e azionate dal *tiramantici*, fido collaboratore dell'organista, senza il quale lo strumento non poteva funzionare. Le portelle degli organi positivi potevano essere facilmente abbellite a piacere del committente intervenendo con pitture vere e proprie[41] o solamente con semplici decorazioni dipinte sulle portelle, che una volta aperte lo rendevano di dimensioni più che raddoppiate. Essendo di dimensioni

suddetto Albarano, e resta sodisfatto; [...]" (ASBN, Banco dello Spirito Santo, giornale cassa matricola 1646, 5 novembre 1754), NOCERINO 2010, p.200.

[40] Sull'origine di questo strumento segnalo il documentato studio di DONATI 2005, pp.133-138.

[41] Si vedano, ad esempio, nella Chiesa di San Gaetano a Forio, le immagini dei santi Pietro e Paolo dipinte sulle portelle dell'organo. Cfr. DI LUSTRO 1990, p.15.

ridotte, azionare i mantici di questi organi diventava meno faticoso e quindi risultavano di più agevole impiego.

Volendo compilare un elenco degli antichi mastri organari che hanno operato sull'isola, sarà utile prendere in considerazione i nomi di artigiani che hanno operato in varie località dell'isola, facendo così risaltare quella consapevolezza appartenente alla committenza ischitana dell'importanza dell'organaria napoletana. Ed è agevole rilevare, in particolare nel Settecento, anche organari legati alle attività della Cappella Reale di Napoli, presenza che rivela pienamente l'orgogliosa volontà ischitana di offrire a se stessa, e ai suoi ospiti, un elevato livello della sua genuina dignità culturale, musicale e artistica.

Sec. XVII

Noè de Rosa

Quest'artigiano, forse fu parente di altri organari dal cognome "De Rosa", tra cui ricordiamo, già nel XVI secolo, Nicola De Rosa, che costruì nel 1524, assieme a Matteo e Giovanni Francesco de Nicolò, un organo per la chiesa di S. Eligio Maggiore a Napoli[42]. Di Noè de Rosa si conosce soltanto l'attività ischitana, poiché gli venne commissionato nel novembre del 1698 un organo per la chiesa di San Vito a Forio, consegnato al prezzo di 100 ducati nel periodo pasquale del 1699[43].

---

[42] Cfr ROMANO 1979, p. 408.
[43] DI LUSTRO 1990, p.13, nota 18.

Sec. XVIII

Giuseppe Ascanio (o d'Ascanio)

Collaboratore assieme a Pietro Daniele dei regi organari Giuseppe De Martino e poi Tommaso de Martino, nel 1724 firma con quest'ultimo un organo positivo ancora conservato nella chiesa di San Publio a Rabat sull'isola di Malta:

> THOMAS DE MARTINO, & IOSEPH
> DE ASCANIO NEAPOLITANI REGIAE
> CAPPELLAE CAESAREAE, & CATHOLICAE
> MAIESTATIS URBIS NEAPOLITANAE
> ORGANARII FECERUNT ANNO DÑI 1724[44].

Nel 1726, Giuseppe d'Ascanio fu autore di un intervento di manutenzione per "accomodare e registrare" l'organo di Santa Maria La Scala (diventata poi Cattedrale) nel Borgo di Celsa a Ischia[45]. Proprio per quest'intervento, non è peregrina l'ipotesi che l'organo, fatto costruire dagli agostiniani una decina d'anni prima, possa essere stato realizzato nella bottega dei de Martino a Napoli.

Giuseppe Baffi

Attivo nella seconda metà del sec.XVIII, probabilmente figlio, ma certamente parente, del ben più noto organaro Geronimo Baffi, attivo a Napoli nella prima metà del Settecento. Gli organari Geronimo e Giuseppe

---

[44] AGIUS MUSCAT - BUONO, 1998, p.55.
[45] DI LUSTRO 1990, p.13.

Baffi avevano la loro bottega a Napoli nel Largo del Gesù (attuale piazza del Gesù nuovo)[46].

Giuseppe Baffi, che già nel 1746 aveva realizzato a Napoli un organo per l'Arciconfraternita dei Nobili dell'Immacolata Concezione eretta nel chiostro di Montecalvario e un precedente organo per la chiesa di Montesanto[47], nel 1760 realizzò il meraviglioso organo della Collegiata dello Spirito Santo a Ischia[48].

Silverio Carelli

Attivo nella seconda metà del sec. XVIII. Originario di Vallo della Lucania (SA) fu autore di numerosi strumenti, tra i quali ricordiamo il monumentale organo ancora esistente in San Giacomo degli Spagnoli a Napoli, datato 1762. Apparteneva a una famiglia di artigiani di Vallo della Lucania di cui si conoscono gli organari Leonardo Carelli, suo padre, Francesco Carelli, suo fratello e Zaccaria Pinto, zio materno (la madre si chiamava Constantina Pinto)[49]. Sull'isola di Ischia, Silverio Carelli fu artefice nel 1765 dell'organo della chiesa del Rosario di Lacco Ameno, pagato ben 450 ducati, sul quale intervenne a più riprese sino 1774[50], ma purtroppo andato distrutto nel terribile terremoto che colpì l'isola nel 1883[51].

---

[46] RIZZO 1979, pp.249-250 e Nocerino 2015, pp.786-787.
[47] RIZZO 1979, pp.249-250
[48] DI LUSTRO 1990, p.16.
[49] DE LUCA-DI VIETRI 1992, *passim*.
[50] Relazione Domenico Ceraso, manoscritto del 1777, fol.239 tergo.
[51] DI LUSTRO 1990, p.14.

Pietro Daniele

Attivo nella prima metà del sec.XVIII, fu collaboratore di Giuseppe d'Ascanio e dei due organari napoletani Giuseppe e Tommaso de Martino. Assieme all'organaro Giuseppe d'Ascanio *accomodò e registrò* nel 1726 l'organo di Santa Maria della Scala (attuale Cattedrale) a Ischia[52].

Benedetto De Rosa

Sino a pochi anni fa di quest'artigiano, ritenuto originario di Giovinazzo, era nota solo l'attività organaria in Puglia[53] nella seconda metà del secolo XVIII. Il suo più antico strumento datato 1784 è conservato nella chiesa di San Vitale a Marittima (LE)[54]. Il recente restauro di quest'organo[55] ha rivelato che Benedetto de Rosa ebbe rapporti di collaborazione con Francesco Niola, molto probabilmente nipote di Giuseppe Niola, genero di Felice Cimmino[56]. Alcuni documenti ritrovati più di recente, ne testimoniano l'attività anche a Napoli[57], dove curò la manutenzione dell'organo di San Domenico Maggiore[58] della capitale partenopea e si

---

[52] IBIDEM.
[53] Su questo organaro si veda in particolare MARCOVECCHIO 2002, pp. 179-190 e relativa bibliografia.
[54] Per un'esauriente scheda tecnica dell'organo si veda MARTINELLI 1992, pp.146-147.
[55] Il restauro è stato effettuato dall'organaro Nicola Canosa, che ha realizzato anche il restauro di un organo a muro firmato Benedetto de Rosa e datato 1790, nella chiesa del Purgatorio di Gravina di Puglia; vedi CANOSA 2013, pp. 137-148.
[56] Sui Cimmino, vedi NOCERINO 2010, pp.179-203.
[57] MARCOVECCHIO 2002, p.182.
[58] COLUMBRO 2005, p.154.

spingono sino al 1808, data di un modesto pagamento (ducati 0,50) tramite il Banco dello Spirito Santo di Napoli[59].

L'inedito organo che si trova a Ischia, nella Chiesa dell'Annunziata di Campagnano, è datato e firmato

BENEDICTUS DE ROSA
F. A. D. MDCCCVI

Allo stato attuale, l'organo di Campagnano firmato e datato da Benedetto de Rosa appare essere il più recente strumento superstite realizzato da questo costruttore e ci consente di confermarne ulteriormente l'attività in ambito napoletano.

Biagio de Rosa

Quest'organaro, nativo di Cardito (NA), scrisse nel 1784 una lettera di supplica al Re, proponendosi come costruttore degli organi per la Cappella Palatina della Reggia di Caserta. Nel nutrito incartamento per questa candidatura (1774-1784), dove invece fu favorito Domenico Antonio Rossi, troviamo che all'epoca aveva già al suo attivo la costruzione di diversi organi: a Casandrino, a Pascarola, ad Aversa ed era organista a Montecassino, a Sessa Aurunca, a Capua e ancora ad Aversa[60]. Nel 1773 curò la manutenzione dell'organo della chiesa di San Francesco a Montesarchio, dove si firma Marco Biaggio [sic] De Rosa[61]. Nella chiesa di S. Croce di Giovi (SA) vi è un positivo di quest'organaro del 1777.

---

[59] ASBN, Banco Spirito Santo, vol. b. (C), 16 aprile 1808.
[60] GERVASIO 1996, pp.225-253.
[61] CHIRICO 2005, pp.71-72.

È molto probabile che la firma sulla catenacciatura dell'organo nella Congrega della Pietà di Casamicciola appartenga proprio a lui e che la data 1772 sia la più antica conosciuta della sua attività.

Anche in questo caso non sappiamo se vi fossero legami di parentela con gli altri organari De Rosa.

Tomaso [sic] *de Martino*

Appartenente a una illustre famiglia di costruttori di strumenti, fu organaro della Cappella Reale di Napoli dal 1724 al 1761, anno della sua morte. A Forio, tuttora presente e visibile nell'oratorio dell'Assunta, vi è un bell'organo positivo firmato con un cartiglio sulla cassa manticeria:

> *THOMAS DE MARTINO NEAPOLITANUS*
> *REGIAE CAPPELLAE SUAE MAJESTATIS*
> *ORGANARIUS FECIT*

Pur mancando la data di costruzione di quest'organo è lecito supporre una datazione successiva alla realizzazione della cantoria che lo ospita, per la quale è documentato un pagamento tra gli esiti del 1750-51[62].

Paolo Mauro Gallo

Attivo nella prima metà del sec.XVIII, apparteneva alla famiglia di organari Gallo che operò a Napoli e in tutto il regno durante il sec.XVIII, in antagonismo con le dinastie organarie dei De Martino, Cimmino e

---

[62] Di Lustro 1995, p.104-105.

Mancino. Genero e allievo dell'organaro Stefano Menna[63], fu autore di un organo per la congrega della Pietà a Casamicciola, nel 1740, che costò 82 ducati ed era "*alto 11 palmi e largo 5 e ½, con 8 registri e con intagli ad argento misturato*"[64], misure che confermano ancora una volta l'impiego nella progettazione dell'organo da parte delle maestranze napoletane del periodo barocco di un perfetto rapporto 2:1 tra altezza e larghezza complessiva dell'intero strumento[65].

Giuseppe Gallo

Attivo nella seconda metà del sec.XVIII, appartenente alla dinastia degli organari Gallo, nel 1791 realizzò un magnifico organo positivo tuttora esistente sulla settecentesca cantoria della confraternita Santa Maria di Visitapoveri a Forio[66]. È attestato anche un suo intervento sull'organo della Basilica di Santa Maria di Loreto a Forio nel 1789[67].

Antonio Menna (o Donato Antonio Menna)

Organaro attivo nella prima metà del Settecento, appartenne alla famiglia di organari Menna; suo padre era Pietro Paolo, mentre suo figlio era Stefano[68]. A Ischia, Antonio Menna lavorò all'organo della Basilica di Santa Maria di Loreto a Forio.

---

[63] ROMANO 1979, p.467.
[64] DI LUSTRO 1990, p.13.
[65] NOCERINO 2017, p.81.
[66] DI LUSTRO 1983, p.75.
[67] DI LUSTRO 1990, p.16.
[68] ROMANO 1979, p.467.

Domenico Antonio Rossi

Organaro di corte dal 1761 al 1789, anno della sua morte, costruì parecchi organi positivi che, oltre ad una cassa somiere con cimasa mistilinea e portelle decorate con vasi di fiori su un fondo rosso, recano sempre sul lato frontale della cassa manticeria un appariscente cartiglio dove sono segnate, in caratteri maiuscoli neri su fondo chiaro, paternità e data dello strumento, come in quello che è possibile ammirare nella basilica di Santa Maria di Loreto a Forio:

DOMINICUS ANTONIUS ROSSI
ORGANARIUS NEAPOLITANUS
REGIAE CAPPELLAE SUAE MAJESTATIS FECIT
ANNO DOMINI MDCCLXII

Gaetano Russo (o Gaetanus Rossi)

Di questo organaro, la cui attività si svolse nella seconda metà del sec.XVIII, si conosce un organo firmato e datato nel 1783 per la chiesa della Congrega del SS. Rosario a Ponticelli, Napoli[69]. Anche se probabile, non sappiamo con certezza se fosse imparentato con i "regi organari" Domenico Antonio Rossi e il figlio Francesco Saverio. A Ischia è documentato un suo intervento sull'organo della Basilica di Santa Maria di Loreto a Forio nel 1789[70].

---

[69] ROMANO 1990, p.96.
[70] DI LUSTRO 1990, p.16.

Sec. XIX

Raffaele Mancini

Attivo tra la seconda metà del XVIII sec. e la prima metà del XIX. La famiglia Mancini (o *Mancino*) fu una dinastia di organari napoletani che operò per tutto il Settecento: Domenico, Carlo, Nicola e Raffaele sono i nomi degli organari noti di questo ceppo familiare. Raffaele Mancini realizzò un importante intervento di rifacimento dell'organo della Collegiata dello Spirito Santo a Ischia Ponte.

Vincenzo Petrucci

L'attività documentata di questo organaro si svolse nella seconda metà del XIX secolo: Di Vincenzo Petrucci si conosce un organo in Sant'Amico ad Agnone (IS) e un altro in San Biagio a Ricadi (VV). La tradizione vuole che Vincenzo Petrucci sia stato imprigionato nel Castello Aragonese di Ischia e *"che il Re, conosciuta la sua fama, gli commissionò la realizzazione dello strumento, ricompensandolo col dono della libertà"*[71]; l'organo di cui si parla è quello realizzato nel 1857 per la chiesa di Santa Maria di Portosalvo a Ischia. La particolarità di quest'organo è la realizzazione di una consolle rivolta per consentire all'organista di non suonare con le spalle rivolte ai sovrani. Suo figlio, Federico Petrucci, fu anch'egli organaro[72]. Di suo figlio ci è noto un organo del 1892, custodito ad Arzano, nella chiesa di Sant'Agrippino[73].

---

[71] MASTANDREA 2007, pp.nn.
[72] NOCERINO 2017, pp. 82-83,
[73] ROMANO 1990, p.68 e p.75n.; MAGLIONE 1986, pp.109-110.

Giovanni Galasso

Attivo a Napoli soprattutto nella seconda metà dell'Ottocento, fu costruttore di diversi organi[74] e appartenne a un'importante famiglia di organari, della quale ci sono noti, oltre a Giovanni, anche Luigi, Gennaro, Francesco, Giuseppe.

Gaspar Pappalardo

Artigiano inedito di ambito napoletano, allo stato attuale, tutto ciò che sappiamo è ricavabile dal grazioso organo positivo conservato ancora oggi nella chiesa di San Pasquale Baylon a Casamicciola. Lo strumento è firmato e datato "Gaspar Pappalardo F.A.D. [=*Fecit Anno Domini*] 1829". L'impiego perfetto del palmo napoletano, come anche il cognome tradiscono una palese origine meridionale di quest'artefice, del quale l'unico documento sinora ritrovato è un pagamento di ducati 2.12, datato 1808, tramite l'antico Banco di S. Eligio[75].

Sec. XX (prima metà)

Saranno altri studiosi in altre sedi e in altri momenti che parleranno e descriveranno l'opera degli artigiani nostri contemporanei, che hanno realizzato e curato la manutenzione degli strumenti giunti sino a noi.

---

[74] MARTINELLI 2004.
[75] ASBN, Banco Sant'Eligio, giornale cassa matricola 2039, 27 gennaio1808.

Mi sia consentito, però, di fare almeno il nome di questi organari appartenenti a due importanti famiglie di organari napoletani della prima metà del secolo scorso, oggi scomparsi, dei quali è documentata l'attività a Ischia:

Favorito Elia e Fratelli
Galasso Giuseppe e Luigi

A mo' di conclusione, con un augurio

Il patrimonio organistico di Ischia non è completamente restaurato, ma, si avvia ad esserlo, dal momento che tutti gli attuali proprietari di antichi strumenti sono orientati a tutelarli e ad interessarsi per una loro manutenzione. È ben vivo, oggi come in passato, il rispetto per le cose antiche sacre appartenenti a una comunità che con impegno e difficoltà ha voluto dotarsi di tutto anche musicalmente.

Gli organi a canne in grado di suonare attualmente sono utilizzati nei servizi liturgici, anche se spesso solo nelle circostanze di maggiore rilevanza. Occorre purtroppo costatare che, nonostante che a Ischia vi siano numerosi musicisti e anche una consolidata tradizione musicale, in quasi tutte le chiese manca un organista titolare fisso che abbia, per la sua competenza e abilità, il compito di far suonare con continuità questi preziosi strumenti.

L'utilizzo continuo di queste splendide macchine sonore è la panacea contro quasi tutti i loro problemi ed è augurabile che, accanto ad un più assiduo uso nelle liturgie, si realizzino e moltiplichino una serie di regolari e frequenti occasioni, come momenti artistici e di elevazione spirituale con l'ausilio della musica, per godere e riscoprire la bellezza dei suoni degli organi ischitani.

Bibliografia

AGIUS MUSCAT-BUONO 1998
HUGO AGIUS MUSCAT – LUCIANO BUONO (a cura di), *Old organs in Malta and Gozo. A collection of studies*, Media Centre Publications, Malta, 1998.

ANNICELLI 2013
LUCIA ANNICELLI, *La storia della Chiesetta dell'Addolorata all'Arso in una ristampa di Mons. Onofrio Buonocore*, in "La Rassegna d'Ischia", Anno XXXIV, N. 5, Ottobre / Novembre 2013, pp. 45-49.

ATLAS 1985
ALLAN ATLAS, *Music at the Aragonese Court of Naples*, Cambridge (UK),1985.

BRANCACCIO 1991
GIOVANNI BRANCACCIO, *Geografia, cartografia e storia del Mezzogiorno*, Guida Editori, Napoli, 1991.

BUONOCORE 1926
ONOFRIO BUONOCORE, *L'Addolorata*, Napoli, Tipografia Portosalvo, 1926.

BUONOCORE 1959
ONOFRIO BUONOCORE, *Festosa consacrazione del monumentale Tempio di Portosalvo nella Villa dei Bagni d'Ischia*, Rispoli Editore, Ischia, 1959.

CANOSA 2013
N.CANOSA-G.MAGARELLI-G.A.DEL VESCOVO, *Gli organi di Molfetta (sec. XVII) e di Gravina (1790) in Puglia*, in "Informazione Organistica", Nuova Serie, n° 33 (2013), pp. 137-148.

CERVERA-DI LUSTRO 1988
GIOVAN GIUSEPPE CERVERA - AGOSTINO DI LUSTRO, *Barano d'Ischia. Storia*, Melito, 1988.

CHIRICO 2005
TERESA CHIRICO, *Organi nel territorio di Benevento*, in *Napoli e l'Europa: Gli strumenti, i costruttori e la musica per organo dal XV al XX*

secolo, a cura di Luigi Sisto ed Emanuele Cardi, Battipaglia (SA), 2005, pp.59-89.

COLUMBRO 2005
MARTA COLUMBRO, *Organari ed Organisti: sguardo su alcune fonti napoletane del XVI e del XVII secolo*, in *Napoli e l'Europa: Gli strumenti, i costruttori e la musica per organo dal XV al XX secolo*, a cura di Luigi Sisto ed Emanuele Cardi, Battipaglia (SA), 2005, pp.139-158.

D'AMBRA 2004
CAMILLO D'AMBRA, *L'Arciconfraternita di S. Maria di Costantinopoli in Ischia*, I^A edizione 2003, Ischia, 2004.

D'ARBITRIO ZIVIELLO 1991
NICOLETTA D'ARBITRIO ZIVIELLO [a cura di], *Antichi pizzi e merletti d'Ischia*, Guida editore, Napoli, 1991.

DE LAURENTIS 2015
ROSARIO DE LAURENTIS, *La Torre Guevara di Ischia. Ischia nel '400 e '500: storia delle famiglie d'Avalos e Guevara*, Doppiavoce edizioni, Napoli, 2015.

DELLA RAGIONE 2005
ACHILLE DELLA RAGIONE, *Ischia Sacra. Guida alle chiese*, Clean Edizioni, Napoli, 2005.

DE LUCA-DI VIETRI 1992
GAETANO DE LUCA - GAETANO DI VIETRI, *Organi e organari a Vallo nel '700 : numero unico in occasione del restauro dell'organo di Silverio Carelli nella cattedrale di San Pantaleo*, edizione a cura della Diocesi di Vallo della Lucania, Agropoli, 1992.

DI LUSTRO 1983
AGOSTINO DI LUSTRO, *La Confraternita di Visitapoveri a Forio*, Li Causi editore, Bologna, 1983.

DI LUSTRO 1990
AGOSTINO DI LUSTRO, *Musica sacra ed organi dell'isola d'Ischia, appunti e note*, in Diocesi d'Ischia Guida liturgico-pastorale anno del Signore 1990-1991, Forio,1990, pp. 10-18.

Di Lustro 1995
AGOSTINO DI LUSTRO, *Il restauro settecentesco della Basilica di Santa Maria di Loreto di Forio*, Forio, 1995.

Di Lustro 2003
AGOSTINO DI LUSTRO, *I marinai di Celsa e la loro chiesa dello Spirito Santo ad Ischia*, Forio, 2003.

Di Lustro 2010
AGOSTINO DI LUSTRO, *Ecclesia maior insulana. La cattedrale d'Ischia dalle origini ai nostri giorni*, Tipografia Punto Stampa, Forio, 2010.

Di Lustro 2015
AGOSTINO DI LUSTRO, *Parrocchie e cappelle sul Castello d'Ischia*, in "La rassegna d'Ischia", n.6, anno 2015, pp. 45-49.

Di Lustro-Mazzella 2014
AGOSTINO DI LUSTRO - ERNESTA MAZZELLA, *Insulanae Ecclesiae Pastores. I pastori della Chiesa di Ischia*, Quaderni dell'Archivio Storico Diocesano di Ischia, Gutenberg Edizioni, Fisciano (SA), 2014.

Di Lustro-Mazzella 2017
AGOSTINO DI LUSTRO - ERNESTA MAZZELLA, *La chiesa di Portosalvo compie 160 anni (1857-2017)*, in "La Rassegna d'Ischia", n.4, anno 2017, pp. 14-15.

Donati 2005
PIER PAOLO DONATI, *1498-1504: Giovanni Donadio, Giovanni di Palma e la nascita del "positivo napoletano"*, in AA.Vv., *Napoli e l'Europa: Gli strumenti, i costruttori e la musica per organo dal XV al XX secolo*, a cura di L.Sisto – E. Cardi, Battipaglia (SA), 2005, pp.133-138.

Gervasio 1996
ROCCO GERVASIO, *L'organo settecentesco della Real Cappella della Reggia di Caserta*, in "L'Organo", XXX, 1996, pp.225-253.

Gison 2009
CLAUDIO GISON, *Vittoria Colonna e la musica*, in *Società, cultura e vita religiosa in età moderna. Studi in onore di Romeo De Maio*, a cura di Luigi Gulia - Ingo Herklotz - Stefano Zen, Centro di studi sorani «Vincenzo Patriarca», Sora, 2009, pp.281-314.

LAURO 1984
AGOSTINO LAURO, *La chiesa e il convento degli Agostiniani nel borgo di Celsa vicino al Castello d'Ischia*, in "Ricerche Contributi e Memorie", atti relativi agli anni 1944 – 1970, Centro di studi d'Ischia, I ed. 1971, Napoli 1984, pp. 651 – 67.

MAGLIONE 1986
GIUSEPPE MAGLIONE, *Città di Arzano. Origini e sviluppo*, Tipografia Del Duca, Arzano, 1986.

MAIONE 2015
PAOLOGIOVANNI MAIONE, *Di Palma Silvestro*, in Dizionario Biografico degli Italiani, vol.80, Treccani, Roma, 2015, *ad vocem*.

MARCOVECCHIO 2002
ELISABETTA MARCOVECCHIO, *L'organo settecentesco di S. Giovanni Battista a Castelluccio Valmaggiore*, in "22° Convegno nazionale sulla preistoria, protostoria, storia della Daunia: San Severo, 1-2 dicembre 2001", Atti a cura di Armando Gravina, San Severo, Foggia, 2002, pp. 179-190.

MARINO 2005
ISABELLA MARINO, *Gli antichi organi delle chiese d'Ischia: un prezioso patrimonio da tutelare*, in "Il Golfo" del 7 gennaio 2005, Ischia, 2005.

MARTINELLI 1992
ELSA MARTINELLI, *Gli antichi organi di Terra d'Otranto*, Lecce 1992.

MARTINELLI 2004
ELSA MARTINELLI (a cura di), *L'organo di Giovanni Galasso in Alezio. Storia e restauro*, 2004, Alezio (LE) [Interventi tecnici di P. Tollari, G. Ribaldi, A. Bolognese].

MARTINI 1883
ANGELO MARTINI, *Manuale di metrologia, ossia misure, pesi e monete in uso attualmente e anticamente presso tutti i popoli*, Loescher, Torino, 1883.

MASTANDREA 2007
EMILIA MASTANDREA, *L'architettura del suono*, in *Santa Maria di Portosalvo a Ischia 150/75*, Ischia, 2007.

MAZZELLA 2014
ERNESTA MAZZELLA, *L'"Anonimo" Vincenzo Onorato e il Ragguaglio dell'Isola d'Ischia*, Edizioni Gutemberg, Fisciano (SA), 2014.

NIOLA BUCHNER 2000
DORA NIOLA BUCHNER, *Ischia nelle carte geografiche del Cinquecento e Seicento*, ImagAenaria, Lacco Ameno, 2000.

NOCERINO 2006
FRANCESCO NOCERINO, *Documenti sull'organo De Martino 1750 della Cappella Reale di Portici*, in "Informazione Organistica", XVIII, (2006), 14, pp. 178-185.

NOCERINO 2010
FRANCESCO NOCERINO, *La famiglia di organari Cimmino. Documenti sull'arte organaria a Napoli*, in "Arte organaria italiana. Fonti documenti e studi", II (2010), pp.179-203.

NOCERINO 2015
FRANCESCO NOCERINO, *L'arte di costruir strumenti musicali a Napoli al tempo di Pergolesi. Un'indagine organologica attraverso polizze e fedi di credito*, in *Atti del convegno internazionale «Sopra il gusto moderno» civiltà musicale a Napoli nell'età di Pergolesi*, a cura di Francesco Cotticelli e Paologiovanni Maione, "Studi pergolesiani / Pergolesi Studies", 9, 2015, pp.779-797.

NOCERINO 2017
FRANCESCO NOCERINO, *L'organo della chiesa di San Giuseppe de' Nudi e l'archivio musicale dell'Opera*, in *Il Real Monte e Arciconfraternita di San Giuseppe dell'Opera di Vestire i Nudi. La carità tra fede, arte e storia (1740-1890)*, a cura di Almerinda Di Benedetto, Napoli, 2017, pp.81-91.

ONORATO 1840
VINCENZO ONORATO, *Ragguaglio Historico Topografico dell'isola d'Ischia*, Biblioteca Nazionale di Napoli, Fondo San Martino Ms. 439.

Rizzo 1979

Vincenzo Rizzo, *Notizie su artisti e artefici dai giornali copia polizze degli antichi banchi pubblici napoletani*, in *Le arti figurative a Napoli nel Settecento*, SEN, Napoli 1979, pp. 225-258.

Rizzo 1990

Vincenzo Rizzo, *Documenti* [dell'Archivio Storico del Banco di Napoli], in Stefano Romano, *L'arte organaria a Napoli*, (vol. II), Napoli 1990, pp. 185-197 (dal n.1 al n.60).

Romano 1979

Stefano Romano, *L'arte organaria a Napoli*, (vol. I), Società Editrice Napoletana, Napoli, 1979.

Romano 1990

Stefano Romano, *L'arte organaria a Napoli*, (vol. II), Arte Tipografica Napoli, Napoli, 1990.

Schioppa 1995

Filippo Schioppa, *Gli organi liturgici delle chiese di Forio: gioielli dell'arte e della tradizione musicale popolare: l'avvento dell'organo sull'Isola d'Ischia*; prefazione di Nino d'Ambra, Forio, Centro di ricerche storiche d'Ambra, 1995.

Venditti 1964

Arnaldo Venditti, *La chiesa di San Pietro a Porto d'Ischia*, in "Napoli Nobilissima", IV, 1964.

Sommario

www.ingramcontent.com/pod-product-compliance
Lightning Source LLC
Chambersburg PA
CBHW031233280526
45784CB00004B/1553